ロジスティクス工学×行動経済学の

逆説の効率ハック

鈴木邦成

物流エコノミスト・日本大学教授

はかどる技術

フォレスト出版

まえがき

最小限の努力で最大限の成果を

「人並みに努力はしているつもりだけど、結果が出ない」

「スケジュール管理に苦労している」

「仕事にも人づきあいにも疲れてしまった」

「会社の人間関係がストレスになっている」

「忙しすぎて自分の時間が持てない」


向上心のある人ほど、こんな悩みを抱えているのではないでしょうか。

やる気はあるし、いつもがんばっているのだけど、どうも努力と結果の間のギャップがありすぎる――この本はそんな悩みを持つあなたのために書き著しました。

たとえば、「仕事が忙しく、週末に気合いを入れて資格試験の勉強をしたが、それでも試験に受からなかった」「営業で成果を上げようと、会議で議論に議論を重ねたが、結果がまったく出ない」という人がいます。

あなたが似たような状況にあるとしたら、いったい何がそうさせているのでしょうか。どこに問題があるのでしょうか。「もっと時間をかけて努力しろ」ということなのでしょうか。

いいえ、そうではありません。**問題は「滞《とどこお》り」にあります。**

私は物流・ロジスティクスの専門家として、「モノの流れ」を研究しています。モノの流れに問題が生じるのは、そこに滞りが発生したときです。

ご存じのように、クリスマス・お歳暮・お中元の時期などには贈り物などが増えて、物流は大忙しです。最近はブラックフライデーにネット通販の注文がものすごい数に上ります。こうしたピークには配送が混雑し、滞りが発生します。反対に繁忙期のあとやオフピークには物流の混雑は解消されています。

仕事や人生設計も同じです。わざわざピーク状態をつくり出すようなスタイルで行動すれば、大きな滞りが発生して非効率になるだけです。健康のために血流をよくすることが大切なように、時間管理でも滞りの解消が不可欠なのです。

いかにピークを避けて滞りを解消していくかが、頭のいい人の時間管理や仕事術につな

がっていくのです。

しかし、これまでの類書を見ると、そうした視点から解説されている本は皆無でした。たとえば、「朝は仕事の効率が上がる」と書いてある本はごまんとありますが、本当にそうでしょうか。

早朝は1日の中で何をするにもピークが集中する時間帯です。滞りだらけなのです。それではいくらがんばっても成果なんか出ません。

また、隙間《すきま》時間にヤミクモに仕事や趣味を詰め込むのは、真の時間管理ではないのです。

そこで本書では、大学で物流を教えながら、学生や社会人にアドバイスしつつ実践している私の滞り解消術を紹介します。

専門のロジスティクス工学に加え、最新の行動経済学なども取り入れて、最小限の努力で最大限の成果を引き出せる考え方をお伝えします。

繰り返しますが、大切なのは滞りをなくすことで、スケジュールを隙間なく埋めることではありません。

滞りがある限り、ある時間帯に仕事や勉強を詰め込んでも、別の時間帯にしわ寄せが発生。「結局、疲れてしまい、仕事は中途半端に終わった」とか「朝早く起きられずに計画を見直すことになった」ということになるのです。

本書を読んで、滞りをなくし、時間管理のムダ、ムラ、ムリをなくすことによって、

「こんなに少ししかやってないのに、営業成績が伸びた」

「勉強時間は最小限にしたつもりだったのに、合格を勝ち得た」

「キャリアプランの作成に悩まされていたけど、資格取得も、昇進も、転職も満足できた」

という成果を出すことができれば、筆者にとってこれに優る喜びはありません。

はかどる技術 もくじ

プロローグ

今日からあなたは「滞り」知らず

第1章

時間の滞りを解消する

第2章 仕事の滞りを解消する

第3章 勉強の滞りを解消する

第4章 人づきあいの滞りを解消する

第5章

人生設計とお金の滞りを解消する

ブックデザイン　山之口正和（ＯＫＩＫＡＴＡ）
カバーイラスト　山口歩
図版作成　富永三紗子
本文デザイン・ＤＴＰ　フォレスト出版編集部

プロローグ

今日からあなたは「滞り」知らず

無意識の思い込みが非効率の原因

「忙しくて自分の時間がない」「仕事の効率が悪い」――こうした悩みを持つ人は少なくありません。

しかし、そうした悩みがあっても、「それじゃあ、自分を変えられるのか」と問われれば、言葉に詰まってしまう人がほとんどではないでしょうか。

悩んだ末に、「早起き、朝活してみよう」「効率が上がるように綿密なタイムスケジュールを作成してみよう」といった工夫をするかもしれません。けれども、それで「十分な成果が得られた」という人はごくわずかといっていいでしょう。

ただし、うまくいかないからといって、がっかりする必要はありません。考え方を変えれば、問題の解決策が見えてくる可能性があるからです。

私は物流の専門家として大学に籍を置く関係から、学生はもとよりビジネスピープルからも、多種多様な相談を受けます。本業の物流現場改善やロジスティクス戦略の相談だけではなく、就職、転職、資格試験の勉強方法、職場での時間管理や人づきあいなどの一般的な悩みを一緒に考えることもあります。

そんな相談者を見ていると、「行動経済学などでいうところのアンコンシャスバイアスに陥ってしまっているなあ」と感じることがしばしばあります。

聞きなれない言葉なので、わかりやすく説明すると、アンコンシャスバイアスというのは、無意識の思い込みのことをいいます。「朝早く起きれば仕事の能率が上がるはず」といった実際の検証もない思い込みが最たる例で、多くの人がそうした思い込みのために自分の能力を十分に発揮できないでいるのです。

それでは、そうした思い込み、言い換えるとバイアスをなくし、「タイパ」などと呼ばれることも多くなったタイムパフォーマンスやスケジュール管理をしっかり行える仕事術を身につけるにはどうしたらよいのでしょうか。

その答えは「滞り」をなくすことにあります。**特定の時間帯や作業に集中しようとすると、心理的、あるいは物理的に、ある種の「滞り」が発生してしまう**のです。

その負荷は想像以上に大きなものがあります。スケジュール、プラン、あるいは目的・目標の設定などがバイアスで歪《ゆが》められてしまうと、滞りの発生を防げなくなってしまいます。そうなると、いくら努力しても、成果は得られず徒労に終わってしまいます。

したがって、タイパを向上させるためにまず求められるのは、時間や作業のスムーズな流れに対して悪さをする「滞り」を解消することなのです。

その滞りを取り除いていかないと、どんなに綿密なスケジュールをつくり上げていっても、密度の濃い仕事をこなしても、なかなか成果を得ることができないのです。

ピークとオフピークの落差が「滞り」になる

私の専門としている「物流」は、「モノの流れ」をスムーズにすることが大きなポイントとなります。

たとえば、お中元・お歳暮の時期などのピーク時には関連商品の取扱数量は大きく増えます。それ以外のオフピークの時期には、逆に物量が大きく減少してしまうこともあります。このように大きく増えたり減ったりする物量を滞りなく、あるいは流れすぎないように、うまく取り扱っていくことがきわめて必要になるのです。

あるいは、ラッシュ時の通勤について考えてみてください。

ラッシュ時の通勤電車には毎日うんざりしている人も多いでしょう。しかし、満員電車の状態が1日中続いているかというとそうではありません。ラッシュの時間帯は早朝のせいぜい1時間から2時間と夕方の帰宅の時間帯だけです。日中の電車は逆にガラガラのこともあります。

そこで電鉄会社は「出勤時間や退社時間をずらしてほしい」と、オフピーク通勤を奨励しています。滞りを解消することで、通勤にかかる身体的・精神的な負担が軽減できるのです。

人の行動についても同じような考え方が当てはまります。

「忙しくて時間がない」という人は、ピーク対応に失敗している可能性があります。「仕事の効率が悪い」という人はピークとオフピークの格差が大きすぎたり、バランスが悪くなりすぎたりしている可能性があります。

もっとも、「滞り」をなくすという理屈はわかっても、それを各自の行動に当てはめていくのにはちょっとしたテクニックも必要になります。

そこで、現在、関わっている仕事はもちろんのこと、仕事上の人づきあい、趣味、資格取得などのキャリアアップに不可欠な勉強等々、どこに「滞り」が隠れているのかも明らかにしていきたいと思います。

滞りの解消で普及したコンビニのお弁当　物流の観点からの考察①

物流に「よい物流」と「悪い物流」があるとすれば、「よい物流」とは「滞り」のない物流です。

物流にはピークとオフピークが必ず存在します。人がモノを欲しがるタイミングは重なることが多いので、それが集中すれば当然、ピークが発生します。もちろん、その逆はオフピークで「今は誰も望んでいない」という時間帯もあります。

たとえば、コンビニのお弁当について考えてみましょう。

職場でコンビニのお弁当を食べるのは、昼休み、12時から1時間以内になると思います。午後2時や3時になってお昼を食べるという人もいないわけではないでしょうが、多数派とはいえないはずです。

実際、3時くらいにコンビニでお弁当を買おうとしても、「人気のあるお弁当は売り切れ」ということも多いと思います。

これを物流の視点から考えると「お弁当の配送は、せいぜい午前11時くらいから1時間程度で終えなければならない」ということになります。お弁当の物流は、「昼休みの1時間前に必ず届ける」ということが必要になるのです。

しかし、コンビニの店舗は1店舗だけというわけではありません。1店舗のためにトラックを用意して、ドライバーに運んでもらうということになれば、効率がとても悪くなるし、コストもかかります。

そこでコンビニが考え出したのが「ドミナント」という出店戦略です。ドミナントとは「支配的な」という意味ですが、この場合は集中的に出店することを意味します。

渋谷、新宿、池袋といったように都内のあちこちに出店すれば、配送トラックがあちこち回るだけで時間がかかってしまいます。しかし、渋谷に集中させれば、短時間に集中して配送できるわけです。

この考え方は物流以外のフィールドにも活用できます。「時間を合理的に管理しながら、仕事を効率的にこなしていく」ということと大きな共通点があるのです。

そして、そのキモとなる部分が「滞り」の解消です。**ピークとオフピークの意味合いや特徴を考えながら、「ピークをいかに乗り切っていくか」**(ピーク対応)、**「オフピークの閑散をいかに解消していくか」という対策を立てていく**のです。

ミニスーパーが攻めたコンビニの滞り

物流の観点からの考察②

ちなみに、この物流の話にはもう少し続きがあります。

ドミナント戦略で売上高を大きく伸ばしてきたコンビニですが、最近はその「天敵」としてミニスーパーが出てきました。

コンビニはとても便利ですが、その代わり、商品価格は高めに設定されています。ただ、もともと商品の単価は低いので「1000円以内で買える」といった感じで、消費者は少ない予算でやりくりできます。

ところが、近年はコンビニのそばにミニスーパーが出店されるようになりました。

ミニスーパーは名前の通りスーパーの延長ですから、割安な商品が並んでいます。コンビニで買い物しようと思った人の目にミニスーパーが入ってくると、「同じような商品だし、ミニスーパーで買おう」となるのです。ドリンク類などもコンビニよりも安く売られているケースが多くなっています。

加えて、ミニスーパーはコンビニとは異なり深夜営業は行っていません。真夜中のオフピークはしっかりと休むのです。

これまでもコンビニの弱点は「24時間営業なので、深夜のお客さんの来ない時間帯も営業しなければいけない。スタッフの確保や人件費などが大きな負担になる」といわれています。本部のほうは深夜も営業すれば売上高が増えるのでありがたいのですが、現場の店舗のほうは利益率も上がらず苦労しているのです。

これに対して、**ミニスーパーはこのオフピークを切り捨ててしまっています。**しかも、ミニスーパーが深夜に営業していなくても、近隣のコンビニが営業してくれているおかげで、消費者は困りません。ミニスーパーが深夜営業をしなくても、誰も困らないのです。

要するに、「日中のピークには営業してコンビニのお客さんに食い込み、割の合わないオフピークはコンビニに任せてしまう」という戦略になっているのです。

このようにミニスーパーはピークとオフピークの特徴をつかみながら、仕事量を工夫し、ビジネスの「滞り」を解消することで、「百貨店やスーパーではとても太刀打ちできない」といわれてきたコンビニの牙城《がじょう》に迫ることになったのです。

時間、仕事、人間関係…、日常生活が滞るとこうなる

では、ビジネスシーンを中心とした日常生活の場合、滞るとどんな影響が出てくるので

しょうか。

30代の女性Aさんを例にとって見ていきましょう。

都内に勤務しているAさんは毎朝5時に起きて、メールをチェックしたり、X（旧ツイッター）でその日の新しいトピックを見たりしながら、リポスト（リツイート）しています。

TOEICの勉強も少ししているので、朝は英語を聞きながらリスニング問題を解くときもあります。

朝の身支度には30分程度みて、7時には家を出るようにしています。

通勤時間は1時間ほどですが、通勤途中は好きな音楽を聴くことにしています。出社すると、すぐに会議があったり、電話がかかってきたり、午前中はかなり慌ただしい感じです。

昼食をとって午後ようやく少し余裕が出てきますが、夕方頃に急ぎの用や翌日の準備などが出てきて、結局、少し残業をしてから帰ることになってしまいます。

帰りもラッシュ時にぶつかることも多く、電車のなかで何か作業をこなすというのも難しいように思えます。結局、毎日、忙しく過ごすだけで終わってしまうのです。

「朝活がよいというのでがんばってみたけど、なかなか成果が上がらない」という嘆きも出てきました。

30代後半の男性Bさんの場合、審査をパスするために資格の勉強をしていますが、思うように進みません。Bさんの会社では課長に昇進する条件として、仕事に関係のある国家資格を取らなければなりません。そのため、社労士を目指しているのですが、勉強時間が十分に確保できないでいました。

毎朝、通勤の際、電車のなかで基本項目に目を通しています。金曜日には気分転換と情報交換を兼ねて、会社の仲間などとの飲み会に参加していますが、土日のどちらかはじっくりと勉強することにしています。

しかし、思うように勉強の効率は上がりません。通勤電車では前日の疲れなども残っているのか、ついつい眠ってしまったり、満員電車のなかで勉強どころではなくなってしまうこともあります。

好きなお酒はどうしても外せないので、唯一、息抜きのできる金曜日に飲みには行くものの、土日のどちらかは子どもと遊んだり、ゴルフなどの接待に出かけたりすることも少なくないので、週末は期待値が高いほどには充実しません。できれば週末も朝の勉強のゴールデンタイムを活用したいと思ってはいるものの、朝の時間はなかなか確保できません。

2人とも、頭のなかでは朝活を充実させたり、週末の時間を有効活用したりして、効率的な時間管理を目指しています。しかし、**理論に実行力がついていきません。結局、やる**

気だけが空回りしている状態なのです。

朝や週末への高すぎる期待値

では、Aさん、Bさんの時間の管理はどの点に問題があるのでしょうか。

2人に共通しているのは**「どちらも特定の時間帯への期待値が高すぎる」**ということです。Aさんの場合は朝の時間帯、Bさんの場合は週末にそれぞれ過度の期待を寄せています。そのため朝や週末にイレギュラーな予定が入ると、スケジュール通りに予定が進まなくなってしまうのです。

AさんもBさんも朝活をするとか週末に勉強やゴルフをするなど、その部分ごとの計画、すなわち物流でいうところの**「部分最適」が間違っているわけではありません。しかし、時間管理全体のバランスが悪いため、こちらも物流でいうところの「全体最適」が実現されていないことがネックとなって、計画が進まない**のです。

物流でいうところの「部分最適」はできていても、「全体最適」が実現されていないという状態なのです。

部分最適と全体最適については、後ほどあらためて説明しますが、滞りをなくすには全体最適が必要になります。

「その部分だけが最適化される」という部分最適の状態だと、どうしても滞りが発生してしまいます。

したがって、日常生活を滞りなく進めるにはまずは、**「特定の曜日や時間帯に過度な期待を抱かない」ことが重要になってくる**のです。

学生たちの悩みの多くは滞りが原因

本論に入る前に、自己紹介も兼ねて、時間管理に関わる私の話をいくつかお伝えしたいと思います。

私の専門は「物流・ロジスティクス」になりますが、大学では研究室を運営していることから、学生の相談に乗ることも少なくありません。また、物流関連の企業などと共同研究をしたり、勉強会を開催したり、懇親会などに参加することも多いので、自然と社会人と知り合う機会も増えることになります。

そうした学生や社会人が私を頼ってアドバイスを求めてきたり、私のほうからある種の義務感や責任感を感じたりして、「……したらどうかな」というかたちで相談に乗るよう

全体を最適化させないと滞りが生まれる

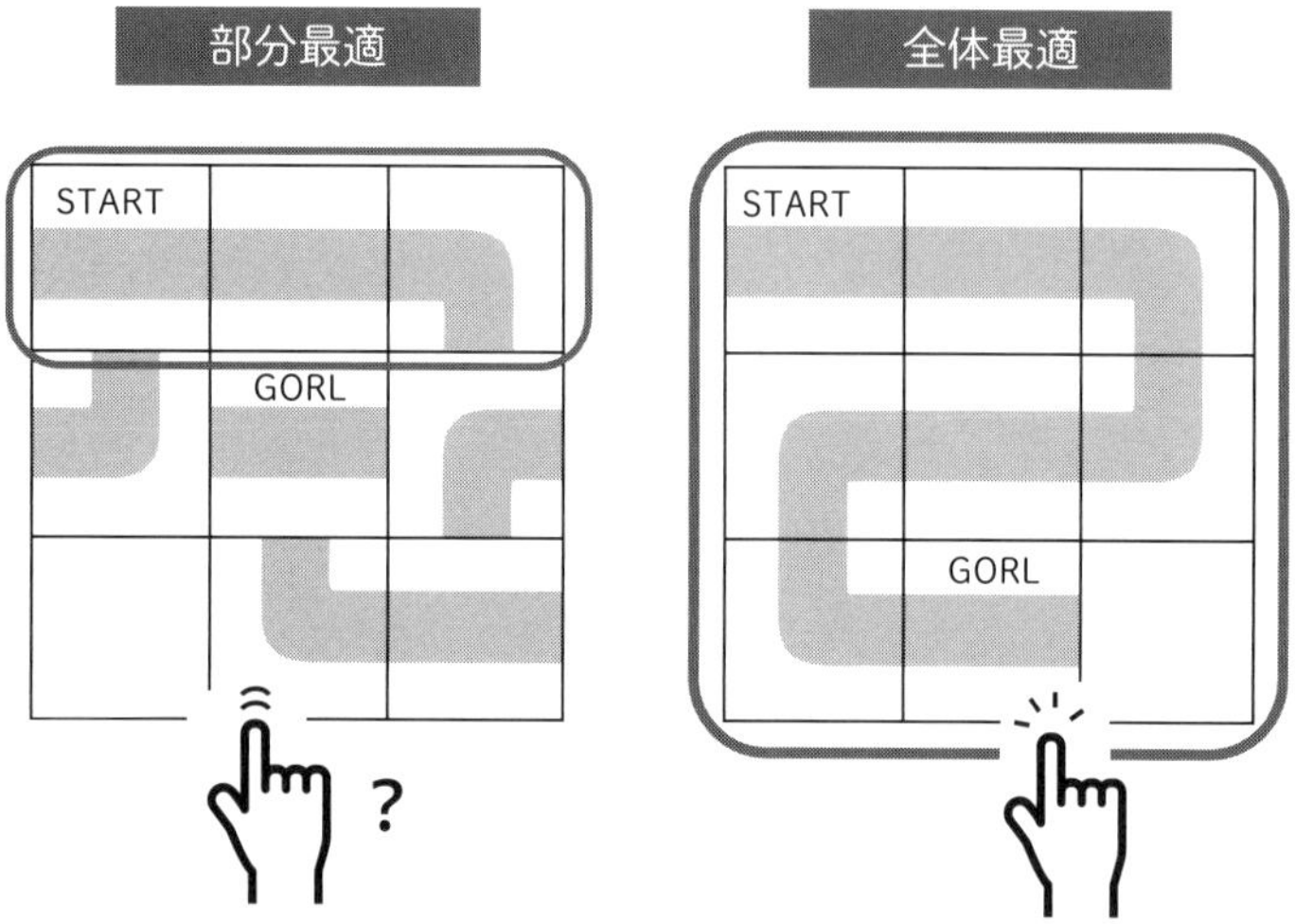

になりました。ただし、私は物流の専門家なので、学生のためにもゼミのOBや社会人の方のためにもなるのではないかと考えて、物流の視点からの例えを入れながらのアドバイスをしてきました。

すると、自分でも「意外だったが確かにその通りなんだな」と思ったことがありました。それは**「物流の視点からのアドバイスは、人の悩みの滞りをなくす共通点が多い」**ということです。実際、**学生・社会人を問わず、悩みのほとんどは「滞りをなくす」という視点から物流のセオリーを当てはめていくと、解決できることがわかった**のです。

学生や社会人の悩みにはさまざまなも

のがありますが、真面目で向上心のある方の悩みは得てして、「どうすれば自分の時間を確保しつつ、キャリアプランを充実させてキャリアアップをはかっていけるか」ということに行き着くように思えます。

もちろん、その悩みの背景に、各自のバックグラウンドが深く関わってきます。

たとえば、学生の場合、「就活と大学の勉強を両立させるにはどうすればよいだろうか」「大学の勉強と並行させて、資格試験に合格するためにはどんな工夫をすればよいか」といった内容がかなりのウエイトを占めています。

そうした学生の多くはちょっとした「制約条件」（つまずき）に振り回されて、先の言葉でいえば全体最適ができなくなっているのです。

したがって、私としては、「どのようにすれば全体最適に導けるか」という視点で相談に乗ることにしています。わかりやすくいえば、**全体最適を実現するキモとなるのが「滞り」をなくすということになる**わけです。

滞りをなくすために優先順位を明らかにする

学生の場合、社会人と比べて、自由な時間を多く確保できます。とはいえ、昔の学生と違い、今の学生にはやることがたくさんあります。とくに理工系の授業では発表や実験レポートの提出などがあるし、講義形式の授業でも毎回のように課題が出ます。しかも、授業後にアルバイトをしたり、ダブルスクールに通ったりといった学生も少なくありません。

それゆえ、意識の高い学生の悩みのほとんどは効率的な時間の使い方やアルバイト、就職活動ということになり、その滞りをいかに解消していくかということになります。

もっといえば、学業との両立という観点からのアルバイトに関する悩みは、時間の使い方以外に人間関係が複雑だったり、業務上のトラブルに直面したりするケースも少なくありません。

そこでいつも私が感じるのは、学生の悩みの多くは、試験期間の直前など大学生にとっての繁忙期とアルバイトの繁忙期がある程度重なってしまうことです。その結果、「定期試験とアルバイトが重なってしまったのですが、どうしましょうか」といった悩みが出てくることになるのです。

実際、12月中旬以降の年末年始は、アパレルなどの小売店舗ならばバーゲンセール、居酒屋などの飲食業ならば忘年会や新年会と、それぞれ繁忙期、かき入れ時。アルバイトにもフル稼働してもらいたい状況です。そのため、「ムリをしてもなんとか出てきてくれよ」

と店長や責任者に懇願されると、人のよい学生ならばＯＫしてしまいます。

　そこで、私は物流におけるピーク対応の考え方を取り入れて、その場の雰囲気に流されずに、学業とアルバイトの２つのピークの波動をずらしていくことで乗り切る方法をアドバイスするようにしています。

　もちろん学生の場合、学業優先となるわけですから、年末年始のアルバイトのピークは「協力できるのは年末だけで、年始は休ませてほしい」「年始のみだが、加えて試験期間は休ませてほしい」といった方針を一緒に考えることにしています。

　アルバイトのピークが学業のピークと重なるような業種ならば、アルバイトを始める段階であらかじめ「試験期間中とその前後は休ませてほしい」ということを繰り返し伝えておく必要があります。


　それだけですべてがうまくいくわけではありませんが、**「自分にとって優先すべきタスクは何で、そのためにはそれ以外のタスクのピークにいかに対応していくか」ということを考えることで、解決策が見えてくる**のです。

滞りの影響がわかるまでは迷走

実は私が「滞りの解消で仕事やビジネスの効率が格段にアップする」という結論に達するまで、かなりの紆《う》余《よ》曲《きょく》折《せつ》がありました。いきなりその結論に達したわけではないのです。朝活や週末の活用というのは、ある時期まで私も積極的に取り入れていました。専門分野の論文の作成やメールチェックなどは朝の時間を活用していました。またスケジュールを細かくつくるのも好きで、1週間単位で自分のやるべきノルマやタスクを決めていました。

しかし、その結果といえば十分に満足するものではありませんでした。朝活についていえば、確かに朝のその時間の効率は上がります。朝起きてサクサク、メールを処理したり、資料を整理したりするのは効率的なこともありました。

でも、朝をスケジュール通りに乗り切ることができても、午後になると眠たくなったり、「午前中たっぷり仕事をこなしたのだから、午後は50%の出来でも十分だろう」と思うとペースが落ちていました。昼がそんな感じだとしたら、夜にプラスアルファの仕事は望めません。「明日も早起きしてやればいいんだから、今日はもう寝よう」という感じだったのです。

週末も同じで、うまくいきませんでした。週末に「これもやろう」「あれもやろう」と計画を立てても、「急ぎの用事ができた」「急に人に会うことになった」「直前で飲み会に行くことになった」といったことが続けば、計画は先延ばしになってしまいます。

結局、**綿密に計画を練った反動で、なんともいえない挫折感《ざせつかん》が襲ってきました。**「計画はキチンと立てられたのに、実行できないのは自分が悪いのだ」と、自己嫌悪に陥り、自分を責めるようになったのです。

この悩みに対する答えは、自分でもなかなか見いだすことができませんでした。しかし、物流の研究を始めていくなかで、先に紹介した「全体最適」という考え方を知るようになったとき、答えのドアが開いてきたように感じたのです。

確かに早朝や週末にタスクをこなすということは、その時間に集中できることもあります。しかし、**その時間帯だけをうまく切り回すことを考えれば、別の時間帯にしわ寄せがくる**ことにもなります。

したがって、1日、あるいは1週間という短いスパンで考えるのではなく、広い視野で何をすべきかを考える必要があります。こうして私が行き着いたのが、ライフスタイルもビジネスも、物流と同じように「滞り」をなくすということだったのです。

滞りの解消で多忙でも時間はとれる　人生の便秘知らずになった私の結論②

実際、今の私は、特段早く起きて仕事をしたり、週末に集中してムリにスケジュールを立てたりすることもなくなりました。

最近の大学は仕事も増えていて、たんに授業を行うだけでなく、週末にはオープンキャンパスの説明や教職員の研修や説明会が入ったりすることも少なくありません。

また高校訪問や模擬授業も多く、出張も少なからずあります。毎年、学会で発表したり、学術論文を執筆、投稿したりするのも当たり前のこととしてこなさなければなりません。

キモとなる授業ではDX（デジタルトランスフォーメーション）も活用され、コロナ禍以降は動画の活用も当たり前になりました。大学で授業をやるために覚えなければならないことや準備しなければならないことは増える一方です。一般的な会社員に比べると、かなりの仕事量になると思います。

物流の専門家として関連の勉強会や講演に呼ばれることも少なくありませんが、その一方でパソコンの資格を取得したり、ブログをはじめX（旧ツイッター）やインスタグラムなどのSNSも定期的に発信しています。

そしてこのような職場環境のなかで、**仕事をムリ、ムダ、ムラなく処理して、さらに可能な限り趣味や人づきあいなどにも時間をかけられるのは、「滞り」の解消を意識した時間管理を実践しているから**だと思うのです。

対処療法では滞りは改善されない　下剤を飲めばいいというものではない

滞りを解消するのは便秘の解消と似ています。

「便秘なんて下剤に頼ればすぐ解消できる」という考え方ならば、いつまでたっても便秘体質は解消されないはずです。便秘の解消には抜本的な体質改善が必要になってきますが、それと同じことがいえるのです。

たとえば、予定の進行が滞ることを心配して、まとめて一挙に遅れを取り戻そうとする人がいます。

「時間が足りないならば徹夜で作業をする」といった人です。

確かに徹夜で作業をすれば、予定の遅れを解消することは可能でしょう。しかし、毎日徹夜で作業するわけにはいきません。徹夜をするというのは特殊な状況です。実際、徹夜で作業をしても能率が上がらなかったり、身につかなかったりすることも多いと思います。

では、仕事が忙しくて「なかなか人に会う余裕がない」という人が「休みの日に集中的に人に会うことにした」という場合はどうでしょう。

仕事で名刺交換だけはしたものの、その後のメールなどの連絡が忙しさにかまけて機を失したときの対応策として、お正月やお盆休みなどに、片っ端から知人・友人に連絡したりします。

けれども、これでは滞りは解消されるどころか、ますます増幅するばかりです。徹夜作業などの負荷の大きな取り組みを定期的に繰り返すことになるからです。**便秘を解消するために下剤を常に飲み続けるようなもの**です。

確かに「便秘で困っている」というときに下剤を飲めば、とりあえずの便秘は解消できるでしょう。しかし、下剤というのはあくまで応急処置です。

便秘だからといって、いつまでも下剤に頼っているわけにはいかないはずです。食生活を改めるなどして、便秘になりにくいように体質改善を行う必要があります。「便秘だから下剤で解消する」ということを繰り返すわけにはいかないのです。

ちなみに物流の現場の改善なども同じです。**ムリに効率化しても、改善の考え方が根づ**

いていないと、再びもとの改善前の状況に戻ってしまうことが圧倒的に多いのです。

滞りのない生活は、血流がよい健康体と同じ

時間管理における滞りの解消も同じです。滞りを解消するのには、それなりのコツや考え方があります。**「作業が詰まりすぎているから徹夜する」**とか**「資料づくりを集中的に行いたいから残業時間を増やす」といったことは、抜本的な解決策には至りません。**

便秘と血流には医学的に関係があることが知られていますが、比喩《ひゆ》的な意味でも時間管理における便秘体質を解消するには、「血流」をよくすることが効果的といえます。すなわち仕事量などのムダ、ムラ、ムリをなくし、**「必要なときに、必要なことを、必要な量だけ行う」ということを徹底していく**のです。

先ほどの例でいえば、徹夜作業にならないように計画を組んでおくのです。

「そんなことは難しい」と思う人もいるかもしれませんが、そのための下準備、ちょっとした工夫をしておけば、そんなに難しいことではないのです。

たとえば、朝活を無定見にだらだらと行うのではなく、「1週間30分ずつ朝活をしておけば、徹夜作業は避けられる」というように逆算しながら時間管理をしていくのです。

世間の常識が滞りを招く　早起きしても時間は効率的に使えない

もっとも私が知る限り、「滞りがない」という人はきわめて少ないと思います。ほとんどの人が多かれ少なかれ滞りを持ち合わせています。血流がよくなければいけないとは知りつつも、血流の悪い人が多いのと似ているのかもしれません。

ただし、「血流をよくしなければいけない」というのが広く知れ渡っているのとは異なり、滞りが時間管理の大敵であるということは、ほとんど知られていません。

しかも、世間で常識（行動経済学でいう社会的バイアス）と考えられていることが滞りの元凶となることが結構多いのです。

一例を挙げると朝活です。「早起きは三文の徳」というように「早起きすることのメリットは大きい」という考え方があります。

しかし本当にそうでしょうか。確かに朝早く起きてタスクをこなしていけば、一見効率的に時間を活用できるような気がします。

けれども、それは睡眠時間を削って、1日のタスクの処理量を前倒ししているに過ぎないのです。「一生涯、睡眠をとらない」という人が稀《まれ》に存在するという話は聞いたことがあります。けれども社会人ならば、平日の平均睡眠時間は約7時間といわれています。睡眠時間にはほとんど個人差もないはずです。きちんと睡眠をとることは健康な生活を送っていくうえには必須です。

したがって、朝早く起きたならば夜早く眠るということになります。人間いつかは必ず起きて、**いつかは必ず眠るわけだから、早起きしたからといって、物理的に得をするということはあり得ない**のです。

ライフスタイルに合わせた時間の使い方が合理的で効果的

逆に、社会人の仕事が朝9時から始まり、夜6時に終わるならば、そのライフスタイルに合わせた時間の使い方が合理的ということになります。人類は夜行性動物ではないので、早起きするよりも日中の時間を有効活用するほうが合理的だし、効率的なのです。

このように世間の常識には大きなバイアスがかかっていることが少なくありません。

「急ぎではない用事だけど早めにやっておいたほうがいい」「できることはできるだけ早くやっておく」というように前もって早めになんでも処理する人もいますが、そうした人が肝心なときに「時間がないのでできなくなった」という話をよく耳にします。

たとえば、仕事の資料づくりなどで、「あらかじめ仕上げておいたけれども、直前で方針が変わったため、資料をつくり直すことになった」といった経験をあなたもしたことはありませんか。「何でも前もってやっておくのがよい」といった世間の常識が通用しないケースです。

もっといえば、コロナ禍以降の令和時代、加速するデジタル化のなかで、世の中の常識もバイアスも刻々とアップデートされてきています。これまでの常識が「歪んだバイアスに過ぎない」ということが明らかになってきているともいえます。

とくに滞りをなくすという視点から考えてみると、世の中の常識は古臭いバイアスの塊とさえいえます。

そのためにも、常識を打ち破っていくことで、ムダ、ムラ、ムリのない効率的な時間術を身につけることが重要になってくるのです。

今日からあなたは「滞り」知らず！　メモはすぐに捨てても大丈夫

滞りをなくせるかどうかは、ちょっとした心の持ち方でもあります。

そのためには「世間の常識」が本当に合理的かどうかを考えてみることです。世間の常識とは行動経済学でいうところのバイアスに過ぎず、それは仕事をスムーズに処理していくうえでの大きな滞りの原因となるのです。滞りは時間管理だけではなく、仕事の進め方や行動スタイルにも大きな影響を及ぼします。

たとえば、メモの取り方ですが、みなさんはどのようにしていますか。

世間の常識でいえば、「人の話を聞くときや読書をするときなどに細かくノートをとるのがいい」といった話をよく聞くのではないでしょうか。

しかし、本当にノートやメモを細かくとるのがよいのでしょうか。

大学の授業などではテスト対策や実験レポートの作成などもあるでしょうから、細かくノートをとるのは重要でしょう。けれども、試験後も後生大事にノートを保管して時々見直す人はめったにいないと思います。

ましてや社会人の場合、ノートやメモをとっても、見直すことはほとんどないと思います。

そう、**滞りをなくすという視点からもノートをとる意味はあまりない**のです（熱心さをアピールするというパフォーマンスとしては「あり」かもしれませんが）。

実際、私は義務的に記録に残す場合を除いては、ノートはとらないことにしています。

またメモは基本的にはなしで済ませますが、どうしても必要な場合は用件が終わればすぐ

に捨てます。

もっとも、ずっと以前からメモをとらなかったかというとそうではありません。ある時期、私も事細かくメモをとっていたことがありました。

しかし、メモをとってもそのメモを見返すことはほとんどありません。せいぜい電話番号を書き留めたり、伝言メモをとったりするくらいでしょうか。

常識ではなく合理的な根拠でバイアスを取り払う

資格試験の対策ノートも今は参考書などが充実しているケースがほとんどなので直接書き込んだり、デジタル資料に目を通したりすれば手書きのノートは不要です。**書き留める情報にしても、その情報の賞味期間はせいぜい1カ月程度です。**

自分の記憶力を落とさないという視点からも、よほどのことがない限り、メモをとる必要性はないのです。些末《さまつ》なことや、何でもかんでもメモして忘れないようにすればするほど、記憶のキャパシティをオーバーし、本当に大切なことを忘れてしまいます。

時間管理についても、私はスケジュールを手帳に書き留めたりすることはほとんどありません。もちろん、仕事で「うっかり」が絶対に許されない予定などはカレンダーに書き込んだり、スマホで管理したりしていますが、それ以上のことはしません。

かつてはメモが絶対に必要とされていた時代もありました。しかしデジタル化が進むなか、どうしても記録が必要ならばノートはとらなくても録音や録画で片付くことも少なくありません。

「しっかりとノートを書いたり、メモしたりすることを習慣化したほうがよいのではないか」というバイアスからの脱却が必要とされているのです。「必要なことはメモしなさい」という人は記憶力に自信がないのかもしれません。

しかし、実際はメモがなくても思い出せたり、調べればすぐわかる場合がほとんどなのです。たとえば今の時代、電話番号や住所をメモる人はいないでしょう。着信履歴や検索ですぐに調べられるのですから。

本書では合理的な根拠を示しつつ、行動経済学ではバイアスと見なされる「世間の常識」を、滞りを解消するという視点から覆すことで、ムダ、ムラ、ムリのない仕事術を紹介していきます。

本書を読み終わるときには、あなたは滞りのない快適な仕事術を身につけていることになります。

もちろん本書をメモやノートをとりながら読むといったこともやめてください（笑）。

第1章

時間の滞りを解消する

#1

「早起きは三文の徳」はウソだから早朝に期待するな

早起きすると滞りが大きくなる

時間が上手に使えない人は多いと思います。

そんな時間管理に悩んでいる人の話を聞いてみると、ある共通点があります。

それは「朝早く起きて勉強する」「週末に積み残してきた仕事をまとめてやる」といったように、ある特定の時間帯に集中して取り組んでいることです。

それ自体は悪いことではないのでしょうが、そうなると、どうしてもその時間帯でできることに過度な期待が生じていきます。

しかも、それは「時間の滞り」を解消していく視点から考えると、合理的な対応とはいえません。**「まとめてやる」ということで、特定の時間帯に対する期待値を高くすれば、その通りにできなかった場合、逆に挫折感も大きくなる**からです。

それがもっとも顕著に出るのが朝です。

「早起きは三文の徳」「朝の時間はゴールデンタイム」といわれるように、朝の時間に大きな期待を抱く人が少なくありません。

「朝早く起きて、頭がさえている状態の午前中にプレゼン資料の作成や資格試験の勉強をしたりするといい」

「仕事ができる人は、朝早く起きて、始業前に重要なメールに返信したり、大切な用件に手をつけたりするものだ」

という理屈です。

朝の期待が大きいと挫折感も大きくなる

しかし、その言葉を真に受けて、朝早く起きてみたものの、「三日坊主で終わってしまった」「結局、起きられず挫折感だけが残った」という人が実に多いような気がします。

30代くらいまでならば、早朝はぎりぎりまで寝ていて、大急ぎで身支度を整え、出社するのが普通だと思います。実際のところ、朝起きてしばらくは、ぼんやりしている人が多いはずです。

学生の場合、授業が1時間目からあれば、午前9時前には大学に着いていなければならず、始業前の早朝からがんばっているという人は、部活の朝練などを除けば、ほとんどいないはずです。

それに通勤・通学ラッシュのなかで、勉強したり、副業をしたりするのは、かなりの意思・意欲がなければなかなかできることではありません。

朝6時に起きて、寝ぼけ眼《まなこ》で電車に乗り、職場で仕事を始めて調子が出てくるのは、午前10時くらいのはずです。**起床してから4時間から6時間後あたりが、もっとも効率よく仕事に取り組めるというのが、「時間医学」の考え方ですし、体験的に考えてもそうでしょう。**

たとえば朝4時に起きて、資格試験の勉強をしようと思っても、ペースが上がるのは朝8時くらいになるはずです。サラリーマンなら通勤途中でこんな時間に頭が冴《さ》えても、冴えるだけムダかもしれません。

「朝が効率的」といわれ、それを実践した人が、「朝を制す者が1日を制すというが、眠いだけであまり勉強はできなかった。自分はダメな人間だ」と不必要な挫折感を味わうのは、こういうことも大きな原因の1つなのです。

ちなみに早朝に仕事をしている人はあまり多くないのか、私が早朝（午前4～6時の時間帯）にメールをもらうことはほとんどありません。ただし、「仕事は朝のうちに済ませてしまえ」と思っているのか、午前9時から10時過ぎくらいまでのビジネスメールはかなりの量になります。

「朝神話」に踊らされるな！

だとしたら、早起きなんて無意味です。朝にそんなに高い期待値を持つ必要はありません。それに「昼は眠くて働けない」というのなら、昼休みにでも10分程度、仮眠すれば十分眠気は取れます。

また、頭を冴えさせたいなら、コーヒーを飲むだけでも十分かもしれません。

人間は昼行性の生き物なので、朝早くとか夜遅くとかは関係がなく、日中に重要な要件をこなしておくということがもっとも効率的なのです。

ただし、不思議なほど、世の中には「朝神話」が蔓延《まんえん》しているようです。

個人レベルではなく、会社単位も同じです。多くの会社では仕事を午前中に集中させています。物流の現場作業でも、午前中に納品や搬入が集中することが少なくありません。

宅配便も「午前中時間指定」が非常に多くなっています。「午前中に用事は済ませておいたほうが、あとの時間を有効に使える」と考えるからでしょう。

デスクワークもしかりで、重要な会議や打ち合わせは午前中に行うのがほとんどです。

しかし、そういう人たちに本心を聞いてみると、「集中すべき仕事は、絶対に午前中にこなさなければならないというわけでもない」とのことです。加えていえば、「午前に仕事を全部済ませたので、午後には何もすることがなくなった」ということもよくあるといいます。

午前中の出荷の終わった物流センターの午後のアルバイトさん、パートさんは手持ち無《ぶ》沙汰《さた》になります。営業パーソンも午前中の会議を終わらせて取引先に出向いたときには、重要顧客も社内にはいなくなってしまうというわけです。

朝だけでなく昼も活用する

しかし、午前中に集中するこうしたタスクを少し昼以降に回すだけで、午前中の疲労や負担が軽減できるし、午後以降の仕事の効率も上がるようになるといったら、どうでしょう。

朝早く起きること自体、否定はしませんが、午前4時に起きて眠たい目をこすりながらメールに返信したり、資格試験の問題集を解いたりしても効果は薄いだろうし、効率も悪くなるだけです。

「午前中、がんばりすぎて午後は身体がだるい」「午前中やりたいことはやったので午後は暇になる」という声もよく聞きます。

それならば、朝は出社直前の午前7時まで寝て、前日の疲れをしっかりとってはどうでしょう。午前中はゆっくりと仕事をして、午後からペースを上げればよいのです。

私は基本的にこのやり方です。

やむを得ない理由で早起きして作業をすることもありますが、それはあくまで「時間に追われて」の話で、計画的に常時早起きするということはありません。

結局、**「朝しかできないと思っていたけど、意外と午後とか夜のほうが、効率が上がる」ということになります。**

もちろん、朝型でがんばれる人もいるでしょう。しかし、標準的な生活パターンで過ごしているごく普通の人には朝型の生活はかなりの負担となるはずです。

朝が苦手な人はムリに早起きなどはせず、逆にゆっくり眠って、1日乗り切るエネルギーを蓄えるのがいいのです。

#2

一番重要なことは昼にやるのがもっとも効率的

朝への過度な期待でダメになる人

1つ例を出して考えてみることにしましょう。

Cさんは午前中、部署の営業戦略の立案や企画などといった頭を使う仕事をしています。ただ、昼食のあとは眠くなったり集中力が落ちることから、昼食前に商談や打ち合わせを増やすようになりました。

そして夕方から経費精算や日報・日誌などの作成などを行い、急に入ってくる飛び入りの仕事や打ち合わせも午後の遅い時間帯に入れます。したがって必然的に残業は増えます。残業なども終えて帰宅するのは午後7時過ぎになります。食事は外で済ませたり、帰宅してからとったりするのですが、どちらにせよその日はそれ以上のことはできません。

資格取得の勉強も継続的にしていきたいので、朝早く起きて出社前に試験に出てくる専門用語を暗記したり、参考書に目を通したりしています。

一見、Cさんの1日の過ごし方には大きな問題はないような気がします。しかし、このような1日の過ごし方で仕事の効率が上がったり、資格試験に受かったりするのでしょうか。

私の考えをいいましょう。かなり厳しいと思います。

人間をはじめ、哺乳類《ほにゅうるい》の多くは昼行性の生き物とされています。そして、その行動は体内時計によってコントロールされています。そうなると、私たちがもっとも効率的に動けるのは昼間、つまり午後の時間帯ということになるわけです。

1日の流れはたとえるならば、マラソンのようなものです。いきなり全速力で飛び出すのではなく、先頭集団からは遅れないようにするものの、まずは「慣らし運転」のような感じで徐々にペースを上げていくのです。もちろん、必要ならばラストスパートをかけます。

「本当だろうか。午後になるとぼーっとして仕事がはかどらなくなるような気がする」という人もいるでしょう。

しかし、これには理由があります。

たとえば昼食をたっぷりとってしまった場合、午後の仕事の能率は確かに落ちます。けれどもこれは「午前中がんばったので安心したり、お腹が空いたりしたこともあり、昼食をしっかりとった」ということが原因となっているのです。

朝早く起きなければ、昼もそれほどお腹も空かないはずですから、昼食もほどほどの量で済むでしょう。それならば血糖値が上がることもなく、眠たくもならず、午後も集中力は落ちないはずです。けれども、朝に仕事が集中していると、その反動が午後に出てきてしまうようになるのです。

したがって、午前中の仕事は「慣らし運転」のようなものと考えて、軽めにこなし、午後にメインの仕事を持ってくるというのが、効率的に仕事をこなしていくコツにもなります。

Cさんの例でいうと、朝から営業戦略の立案などを行うのは、いうならば最初からギアをトップに入れるようなものです。慌ただしい朝にじっくりと時間をかけて行わなければならないタスクを入れるところにムリがあるのです。

午後の商談は悪いというわけではありませんが、相手の都合もありますから、状況に応じて朝や夕方も活用することにして、午後に固定するという考え方はとらないほうがよいはずです。

特定の時間帯への過度な期待が、それ以外の時間帯の滞りを生む

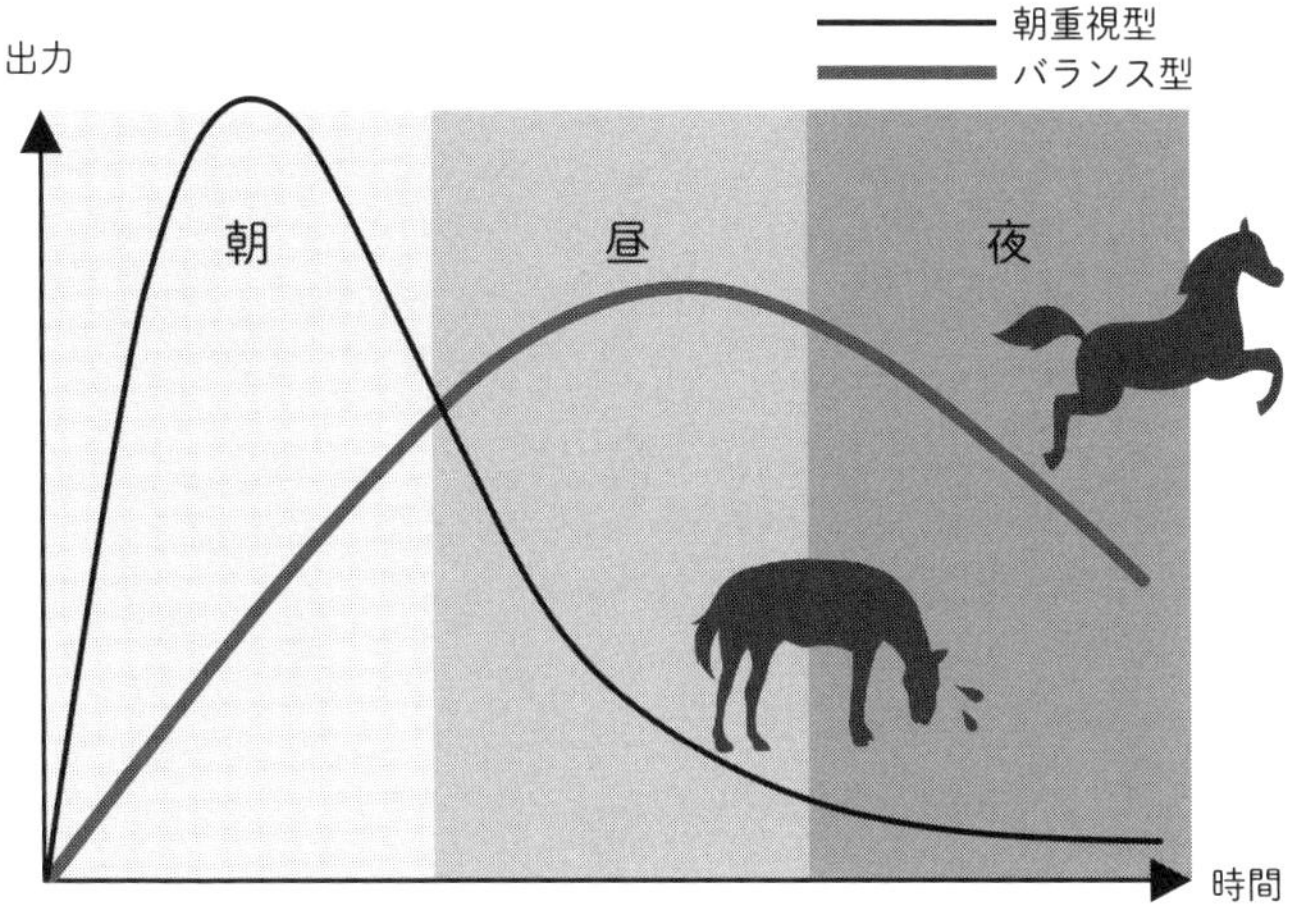

朝重視型とは別の景色が見える昼重視型

このような考えに至ったのは、私も以前、朝に仕事を集中していた時期があったからです。朝方の仕事はタバコを吸いながら、コーヒーを飲みながら、ゆっくり取り掛かると、快適なものです。仕事もはかどるような気もしました。

ところが35歳くらいのときにタバコをやめてから考え方が変わりました。タバコをやめてみると、朝の慌ただしい時間帯にゆっくりと立案を練るというのはどうも落ち着かないのです。そこでタバコをやめたことをきっかけに、

朝重視型から昼重視型にシフトすることにしたのです。

当初は午後の仕事効率が落ちましたが、「昼を活かすためにはどうしたらよいか」ということを考えるうちに、「朝から全力で飛ばさない」「朝のタスクは軽めにして、午後を仕事のメインに据える」という考え方に至ったのです。

そしてさらに工夫を重ね、**昼重視型を自分なりに改善していくと、より一層、効率的に仕事をこなせるコツもわかってきた**のです。

#3 急げばいいというわけではなく、急がない用事は絶対に急ぐな

前倒しで仕事をすることが滞りを生む バッチ処理とリアルタイム処理

ところで、時間管理が上手でない人はルーティンを重視して、急がない仕事を優先してしまう傾向があります。

「ギリギリまで引っ張らないで、できる仕事は早めにやるようにするとよい」とは、よく

いったものです。

実際、私の周りの意識高い系の人たちは、早めに課題やタスクを終わらせています。では、その人たちが他の人より大きな成果を上げているかというと、そうでもなさそうです。むしろ、タスクに忙殺されて疲れ果てているように見えます。

しっかりと前もってやっているのに、どうして十分な成果を得られないのでしょうか。

早めにタスクを処理するのは本当にベストなのでしょうか。「先延ばしばかりで、いつになっても仕事をしない」というのは論外ですが、早めにやることによって生じる時間的ロスも無視できません。

ギリギリになって取り組んだり、期日に遅れたりすると、当然のように滞りは発生しますが、**意識高い系の人が陥りやすい「早めに仕上げてしまう」ということも、実は大きな滞りを生む要因となる**のです。

たとえば、金曜日が締め切りの仕事をその週の月曜日のうちにやってしまう人がいます。他の仕事もその調子で何でも前倒ししているかもしれません。

しかし、締め切りの前に急な変更点が出てきた場合はどうするのでしょうか。

月曜日に仕上げても金曜日に締め切りが設定してある以上、他の人がその内容に目を通すのは、金曜日かその直前の曜日になるはずです。けれども、締め切り前に、「急に予定変更で追加することが出てきた」「予定の分量を増やしてほしい」といった、後付けのリクエストが出てくることもあります。

早めに仕上げてしまったことで追加分を加えて対応したりすることになりますが、一度仕上げてしまってからでは、手直しを含め追加するのが難しくなることもあります。

仕上げる前ならば手を加えるのが難しくないことでも、仕上げた後からでは調整が大変になることがあります。

ちなみにロジスティクス工学では、早めにまとめて作業することを「バッチ処理」、ギリギリというか、その都度処理することを「リアルタイム処理」といいます。

まとめて作業をするのは逆に非効率

早めに作業を仕上げるやり方は、一見効率的に思えますが、急に状況が変わったときに柔軟に対応できません。作業は細かくなりますが、締め切りに合わせて、その直前に仕上げるほうが、結局は効率的になるのです。

ただし、あまりにギリギリというのは熟練度がかなり高い人向きです。あまり慣れてない人は、少し余裕を持って期日に合わせるのがよいでしょう。

先ほどの例でいうならば、「金曜日が締め切りならば、木曜日くらいまでに仕上げておいて、最後の確認をしたうえで、金曜日に完成・納品とする」といったイメージです。

というのも、期日のかなり前にさっさと仕事をやってしまう人に共通する課題として、「見直しをきちんとしない」という点が挙げられるからです。

早めに仕事をする人の多くは「早くやらないと忘れてしまう」「早く処理して仕事を抱えているという心理的負担から解放されたい」と考えています。

しかし、その考え方が逆に見直しを怠ったり、予定の急な変更に対応できなくさせているのです。

先延ばしばかりで、きちんとタスクができない……という人だけでなく、「自分はなんでも早めにやるようにしている」という意識高い系の人も、実は非効率なやり方に陥っている場合がしばしばあるのです。

#4 朝や夜に期待せず、昼の2時間を集中しよう

昼の時間だけで大半のタスクは終わる

忙しい人は「日中は忙しいから、早起きしてSNSをやろう」「夜なら時間があるから帰宅後の時間を活用しよう」などと考えがちです。しかし、そんなことが可能なのでしょうか。

私もかつては朝や夜の時間の有効活用を考えてスケジューリングを行っていました。けれども朝活は短期間ならともかく、長期間、続けることは容易ではありませんでした。普通の人は2、3カ月が限度なのではないでしょうか。

夜の場合もほとんど同じです。決まった曜日の夜に、何か習慣的なことを始めようと思っても、急な残業やイベント、友人知人からの誘いなどもあるでしょうから、なかなか計画通りに行かなくなるはずです。そうなると当然、期待値が高いだけに失望感も大きくなります。

1回限りならばともかく、習慣として早起きを実践するのは、よほどの意志力が求められます。帰宅後もほろ酔い加減だったり、疲れていたりしては仕事どころではないのです。

こうした状況下では、**ヘタに多大な期待を朝や夜に抱かないのが正解です。**

昼のタスクの効率アップを考え、朝や夜を予備の時間、物流業務の理論となるロジスティクス工学でいうところのバッファー（余白）としてとらえるのです。

もう少し加えると、ロジスティクス工学では「パレートの法則」がよく活用されます。パレートの法則とは「成果の8割はその構成要素の2割で成り立っている」という経験則のことをいいます（働きバチのうち、本当に働いているのは全体の2割に過ぎないといわれるのもこのルールです）。

そしてこのルールを毎日のスケジュールとタスクの関係に当てはめると、**「その日の2割の仕事量が全仕事量の8割をカバーする」ということになります。**

つまり8時間（480分）労働ならば、96分（480分×20%）程度働けば、理論上、ほとんどその日のタスクは終わったようなものになるのです。したがって、パレートの法則を根拠とすれば2時間程度、午後に効率的にタスクをこなせば、わざわざ朝や夜に時間を割く必要はなくなるわけです。

バッファーを組み込んだ昼重視型のスケジュール策定（一例）

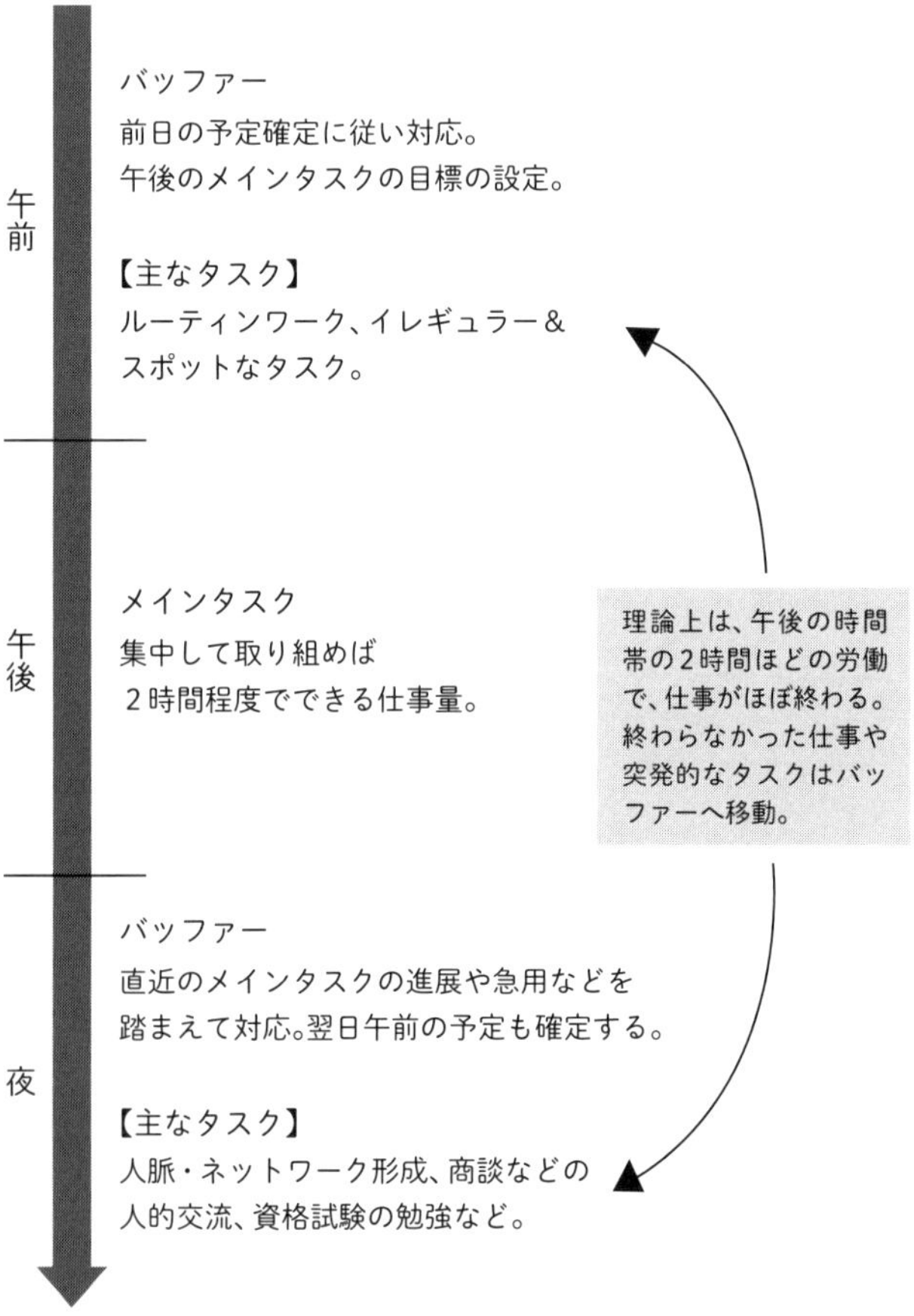
午前
バッファー
前日の予定確定に従い対応。
午後のメインタスクの目標の設定。
【主なタスク】
ルーティンワーク、イレギュラー＆
スポットなタスク。
午後
メインタスク
集中して取り組めば
２時間程度でできる仕事量。
理論上は、午後の時間帯の２時間ほどの労働で、仕事がほぼ終わる。終わらなかった仕事や突発的なタスクはバッファーへ移動。
夜
バッファー
直近のメインタスクの進展や急用などを
踏まえて対応。翌日午前の予定も確定する。
【主なタスク】
人脈・ネットワーク形成、商談などの
人的交流、資格試験の勉強など。

バッファーを午前と夜に大きくとることで、
余裕を持って１日のタスクをこなすことができる。

64ページの図は昼重視型の時間管理の一例です。実際、朝や夜にやろうとしているタスクは密度が低いことも多く、日中に高密度で集中的に取り組めば、時間をかけずに終わることも多いのです。

仕事で本当にムダな時間は「指示待ち時間」バッファーは朝と夜に

ただし、日本社会で意外と多いのは「指示待ち」「仕事待ち」「確認待ち」などの〝待ち時間〟です。たとえば、「午後に仕事を終えても、夕方から会議があるので、それまでの時間は待機する」とか「早朝ミーティングのあと、昼から商談に出かけるから、それまでは他の業務をこなしながら待っていてほしい」といった感じです。

こうした待ち時間の解消をはかることも大切ですが、仕事の密度としては濃いわけではありません。したがって、待ち時間の有効活用をはかれば、朝や夜に別枠でタスクを入れなくても時間をつくり出せるのです。

「でも、それなら急に入った仕事ややり残しの仕事はどうすればいいのか」と、あなたは思うかもしれません。

確かにルーティンだけでなく、急な仕事が入ることで予定が狂うことはよくあります。

そこでそのときに活用するのがバッファーである朝と夜なのです。

仕事前の朝や仕事後の夜に資格試験の勉強や副業などを日課としたり、それを習慣化しようとしても、なかなかうまくいきません。**朝や夜の時間帯の活用方法は習慣的なタスクではなく、イベント的、突発的なタスクへの対応なのです。**

もっといえば、どうしても習慣的にやるようなタスクを入れる場合、ある程度、期間を区切って、「この期間には集中的に決まったタスクを入れるようにしよう」というようにプロジェクト形式でこなすべきなのです。

「来週の社内会議の資料をつくるのに、今週いっぱいは早起きする」とか「来月の資格試験対策のために当面、早起きする」といったかたちで、目的だけでなく期間も明らかにしておくのです。

#5 ビジネスランチは効率最悪！ 人と会うなら夜に会え

ビジネスランチは非効率

「日中の時間をうまく使うとしたら、ビジネスランチなんか、積極的に行うといいのですか?」という質問を受けることがあります。

しかし「ビジネスランチはどうも非効率」というのが私の結論です。ビジネスランチは欧米では当たり前のように行われています。しかし、日本の場合、その効果は意外と低いのではないかと私は思っています。

たとえば、フランスやスペインなどのラテン系の国の場合、ランチタイムが2時間くらいあることはザラです。ただし、ランチタイムのあとにはシエスタという昼寝の時間も設けられています。朝からしっかり働く代わりに昼休みは長いのです。

また、米国でもビジネスランチは頻繁に行われています。しかし、これは夜の時間は家族とゆっくり過ごしたりするためです。あるいはビジネスの人脈づくりに欠かせないパーティに顔を出したりすることもあるでしょう。国土の広い米国では移動が飛行機になることも多く、午後から飛行機を使って出張に行くこともあるはずです。

すなわちビジネスランチが活用されるのは、夜は夜で会食とは違う形態のビジネスコンタクトがあるからなのです。

こうした国々に対し、日本の場合はビジネスランチに加えて、夜は夜で居酒屋やレストランで接待というケースが少なくありません。

しかもほとんどの場合、ビジネスランチは夜の接待の代わりに行われています。

「今日の夜は別の接待が入っているから、ランチでも一緒にいかがですか」というのが日本式だと思います。

そのうえ、平日ならば長い時間をとることはできません。誰もが似たような時間帯に同じような場所で慌ただしくランチをするので商談どころではないでしょう。したがって、きわめて効率の悪いビジネスコンタクトになります。

さらにタチが悪いのは、**ビジネスランチで「今日は仕事をした」という認知バイアスが発生。不必要な達成感が出来上がってしまう**ことです。そうなると、もはや夜に接待やビジネス会食をするのは苦痛になってくるはずです。

#6 スケジュールを乱さないために突発的な用事は夜から入れる

予定表のすべてに予定を入れない

習慣化されていない仕事やイベントが突然、飛び込んでくることも少なくありません。このときに使いたいのが、バッファー（余白）としての夜の時間です。

日中の時間帯に集中的に行うのは、広い意味で習慣的なタスクとなるはずです。毎日のデスクワークや営業回り、資料作成などは習慣的なタスクです。

毎日の時間管理が完全に習慣化されたタスクだけならば、苦労は少ないのでしょうが、ビジネス社会では、「急に商談が入った」「緊急で会議を行うことになった」といったスポットのタスクが入ることがしばしばあります。そして、このスポットのタスクがクセモノで、これによってスケジュールが乱れることもあるし、ペースが狂ってくることもあります。

そこで、こうしたスポットのタスクに対応するために設けておきたいのが、先にご紹介したバッファーの時間です。習慣的ではない、1回限りの用事が入る可能性を想定して、あらかじめ、スケジュールを入れない時間帯を空けておくのです。この提案をすると、「そんなことをすれば、その時間帯に何も仕事が入れられず、時間のムダ遣いになってしまうのではないですか。時間を浪費するだけだと思います」と反論する人が必ずいます。

しかし、1日の習慣的なタスクの8割は効率よく対応すれば、2時間程度でやり切ることが可能になります。したがって、**間延びしている待ち時間などをこのスポットの仕事にうまく当てはめていけば、効率的に仕事をこなせることになる**のです。

この考え方をさらに一歩進めて、用事は夜から入れていくことにします。

「朝の時間帯は活用しないのですか」と考える人もいるかもしれませんが、朝の時間帯は慌ただしく、スポットのタスクが急に入ってくる可能性もあるので、できれば最後までスケジュールは空けておきたいところです。

したがって、仕事ではなくても、人脈づくりなどを兼ねて人と会うような場合はもちろん、ちょっとした商談や打ち合わせなども、相手の都合が許すならば夕方から夜に入れるといいでしょう。

もちろん、接待やビジネス会食は夜の時間帯ということになるでしょうから、まずは夜の時間帯からスポットの用事を入れていくというのが、効率的な時間術を実践するうえでのコツともいえるのです。

#7 どうせ予定は狂うのだから スケジュールを細かく決めない

スポットで入るタスクに対応できるようにする

時間管理というと、朝から晩まで細かく、1分単位でスケジュールを立てる人がいます。そこまでいかなくても、朝なら5分きざみに計画を立てたり、日中でも30分単位で行動を決めたりしている人もいます。

また、スケジュール管理を毎日の習慣化と重ねて、「月曜日は……と行動するようにしよう。火曜日は……をすることにしよう」といった具合に朝のルーティン、昼休みのルーティン、夜のルーティンを決めてしまう人もいます。

いずれもまったく予定を立てないよりはいいかもしれませんが、必要以上に細かく予定を立てることはあまり効率的なことではないのです。

というのも、日々の生活では予定通りに進むのはせいぜい3時間程度で、それを超えると状況が変わってくる可能性が出てくるからです。

たとえば、日曜日の午前中に資格試験の過去問を解くという計画を立てても、前日に急な用事が入り、日曜日の午前中はその処理に当てなければならなくなる……ということもあります。

実際、未来の予測は予知能力でもなければ基本的にはできません。

急な変更が発生することはよくあることで、そのためにも予定は直近情報をもとに常にアップデートする必要があるのです。

その点を考慮してか、コンビニの発注などの需要予測は3時間ごとに更新されるようになっています。直近のデータをもとにスケジュールを常に見直しているのです。

物流の実務ならば、雨が降ると出荷品目が変わったり、トラックが遅れたりする可能性が出てきます。夕方からの大雪ならば物流でなくても、早い時間帯に帰宅を促されることもあります。

「今日は体調が悪いから仕事を早めに切り上げたい」「急に両親が上京してくることになった」など、自分都合の予定変更もあるでしょう。

こうした可能性も考えながら、計画を練る必要もあるのです。つまり、**スケジュールは常に見直しができるように、3時間から半日単位で修正できるように、シナリオAだけ**

でなく、シナリオB、シナリオCも用意しておくわけです。

繰り返しいいますが、あまりに細かくスケジュールを立ててしまうと、その時間帯の直前に想定外の出来事が発生した場合、対応できなくなるので、そのへんはくれぐれも注意を払うようにしてください。

タスクの優先順位は重要度よりも難易度

ただし、まったく計画を立てるなといっているのではありません。その日のタスクの重要度から逆算して計画を立てておくのがよいということです。

その場合、**重要なタスクから先に取り掛かるというのは感心しません。重要なタスクといっても、その重要度の性質が異なることがあります。**

たとえば、書類に署名押印をするようなときは、タスク自体は簡単です。しかし、どうしても当人がしなければならないという場合、忘れることは許されません。

こうした類《たぐ》いのタスクはすみやかに済ませておく必要があります。メールの返信、人数合わせに過ぎないミーティングなども、重要度が高くてもタスクの難易度自体はあまり高くありません。

しかし、資料作成となると、しかも重要で締め切りが設定されているとなると、決められた時間に必ず完了させる必要が出てくるため、タスクとしての難易度も上がります。

こうした重要度の高いタスクで締め切りが少し先の場合、前日に一夜漬けとならないように、少し前から日々のノルマを決めておき、少しずつこなしていくのがよいでしょう。

けれども、毎日のタスク量を均等に割り振りする必要はありません。


一例ですが、月曜日に、完成までに数時間はかかる書類を翌週月曜日までに仕上げてほしいといわれたら、その日（月曜日）のうちに仕上げるべき内容を確認。火曜日、水曜日に全体の7割程度、木曜日、金曜日に残りの3割程度を完成させるようにします。そして、土日はバッファーとして、万が一の場合の追加や修正に当てるようにします。

注意したいのは一挙に仕上げようとすると、逆に滞りが発生しやすくなるということです。

滞りをなくすコツの1つとして、スケジュールは細かく設定せず、このように直近の情報と状況の変化を重視して、常に見直し、アップデートしていくことが大切になるのです。

取り掛かるべきタスクの順番

重要度と緊急度で見た場合

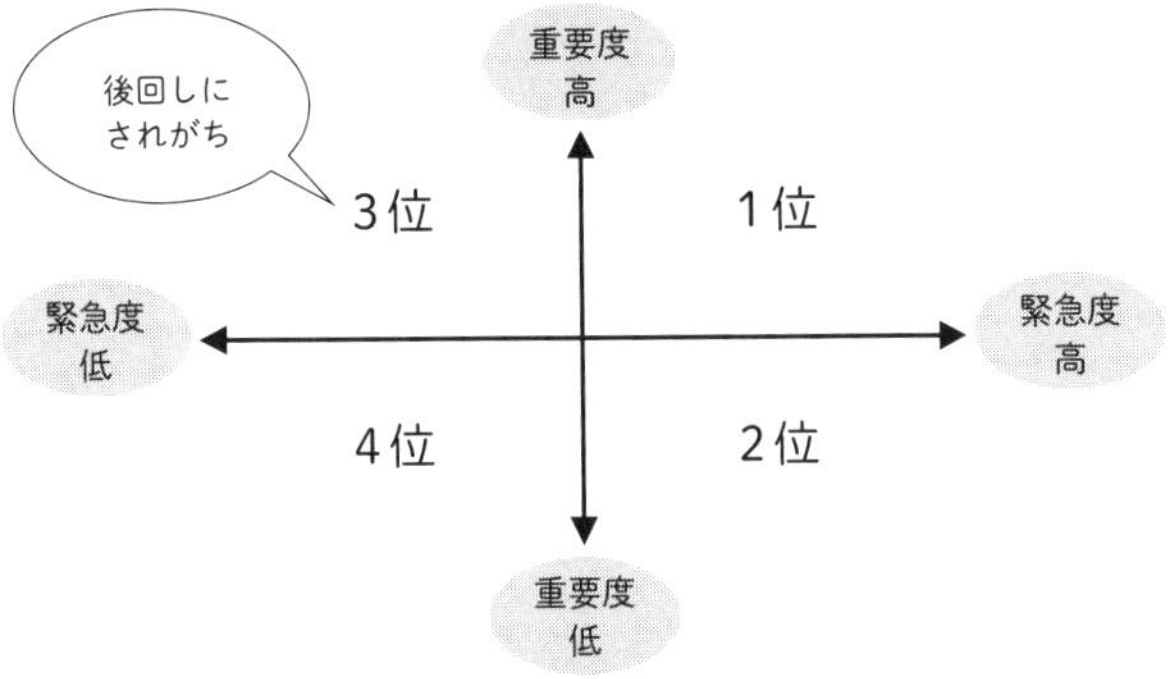

難易度と緊急度で見た場合

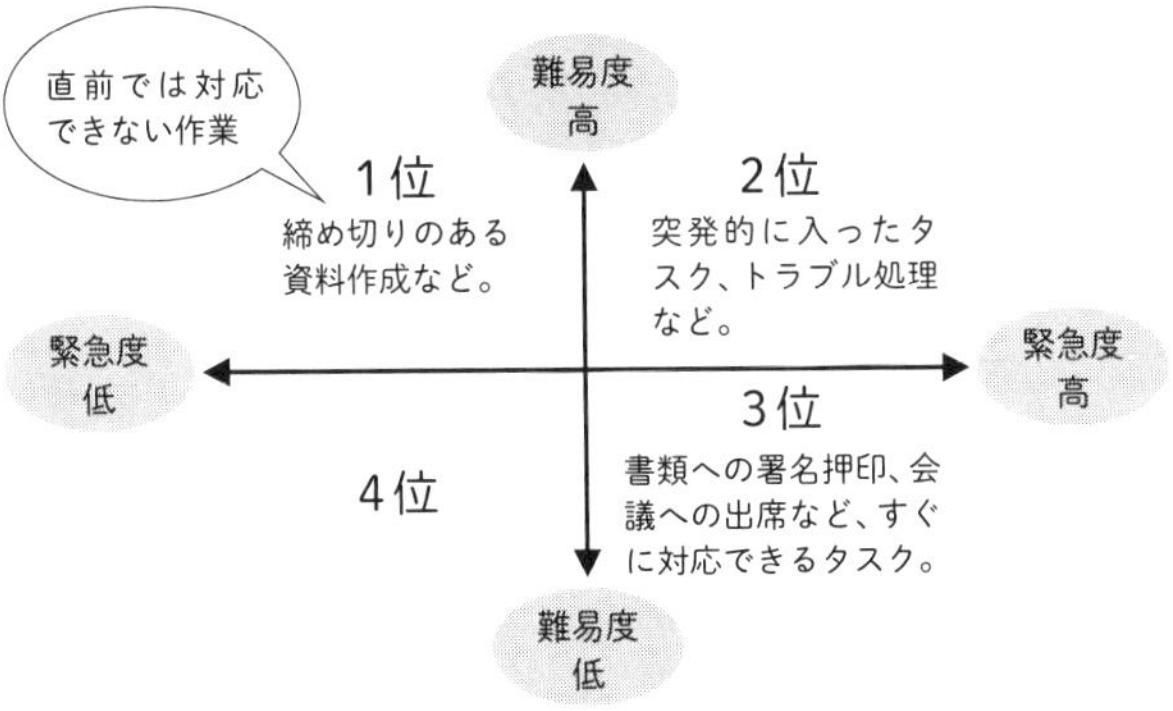

難易度で見ることで、
本当に大切な仕事が何かが見えてくる

#8

困ったときは、まず滞りを解消することを考える

十分時間があるから効率的というわけではない

大学での仕事柄、学生の資格試験受験のための勉強計画を一緒に考えることがあります。学生のうちからでも取得しておいたほうがいい物流関係の国家資格に「運行管理者資格」というものがあります。合格率は20～30％程度の試験ですが、専門性も高いのでそれなりの試験対策が必要です。

しっかりした受験対策を考える学生もいるのですが、多くの学生は大学の授業やアルバイト、趣味などとのバランスを取りながら、資格試験の対策を立てることになります。その際に私がポイントとして挙げるのが「滞りを解消する」ことです。

ところが、**資格試験対策として「日曜日は日中から数時間以上の勉強をしています」という勉強法の場合、成果が上がらないというケースが散見されました。**

当初はなぜ成果が出ないのか、私にもわかりませんでした。一見、まとまった時間が取

れる休日に集中的に勉強できるならば、それがベストと考えられたからです。

けれども、それでも結果が出ないことが多いことから、細かくヒヤリングをしてみました。すると、どうも勉強時間のメリハリが十分ではないことがわかりました。集中的に勉強するというものの、その反動として滞りが発生していたのです。

しっかり休むほうが処理能力は上がる

たとえば5時間の集中的な試験勉強を、休みなく、問題集を解いたり、関連項目をノートにとったり、暗記をするということは、大きな滞りを生じさせることになります。

「1分もムダにしたくない」という心理はわかります。しかし、大切なのはバッファーとする機能的な意味合いもあるので、休憩時間を十分にとることなのです。

すなわち、**休憩をしっかりとったほうが、結局は効率が上がる**ことが多く、それによって滞りも解消されるのです。

物流でいえば、トラックドライバーは、法律で連続4時間の運転を行う場合、必ず30分の休憩をとることが義務付けられています。その他にも細かく休憩・休息についての決まりが定められています。

「休憩はいらないから続けて運転したい」というのは集中力の低下などを引き起こす要因になるため、避けなければならないのです。実際、休憩なし、あるいはほんのわずかな休憩で、仕事や勉強をずっと行っていたい誘惑に駆られることは少なくないでしょう。

同じようなことが資格試験の勉強にもいえます。数時間を超える試験勉強の場合、まずは休憩時間をしっかり設定することが重要になるのです。

学生の資格試験対策だけでなく、一般社会でも日本の場合は「休憩は無意味」という発想で対応されることがとても多いように見受けられます。「時間もないので打ち合わせのあと、すぐに別の会議を入れました」「納期が迫っているので休憩はなしでいいですね」といった意見が職場でまかり通ることは珍しいことではないはずです。

しかし、長時間の作業などで疲労すれば、ヒューマンエラーが発生しやすくなります。作業効率や理解度も大きく落ちます。時間効率とは時間をうまく使うことだけではなく、その時間のパフォーマンスをいかに最大化できるかということにあります。**「疲れ切ったあとに与えられている30分は、疲労する前の5分に劣る」ということになる**のです。

休憩を適時、効果的にとることで滞りを解消していく。このことはぜひ、肝に銘じてください。

#9 整理整頓できない人は場所だけ決めておけばいい

どこに何があるのかがわかれば、整理整頓は9割終わる

滞りをなくすということについては、時間的な面からだけではなく、空間的な面からも工夫をしていくことが大切になります。

滞りをなくすには家でもオフィスでも「どこに何があるのか」ということをしっかりと把握しておく必要があります。

物流センターでの棚出し作業では「棚からモノを取り出す」という作業については巧拙《こうせつ》の差はほとんどありません。しかし、それでも熟練者と初心者が存在します。その大きな差は「商品探しとそのためにかかる歩行の時間の差」にあります。

熟練者は「どの棚に何があるのか」がわかっているので、すぐに棚出しができます。しかし初心者は探し出すこと自体に時間がかかってしまいます。そこで先進的な物流センターでは作業に慣れない人でも「どこに何があるか」がわかるように見える化が行われて

整理整頓が苦手な人は、“3定”で空間的な滞りを解消

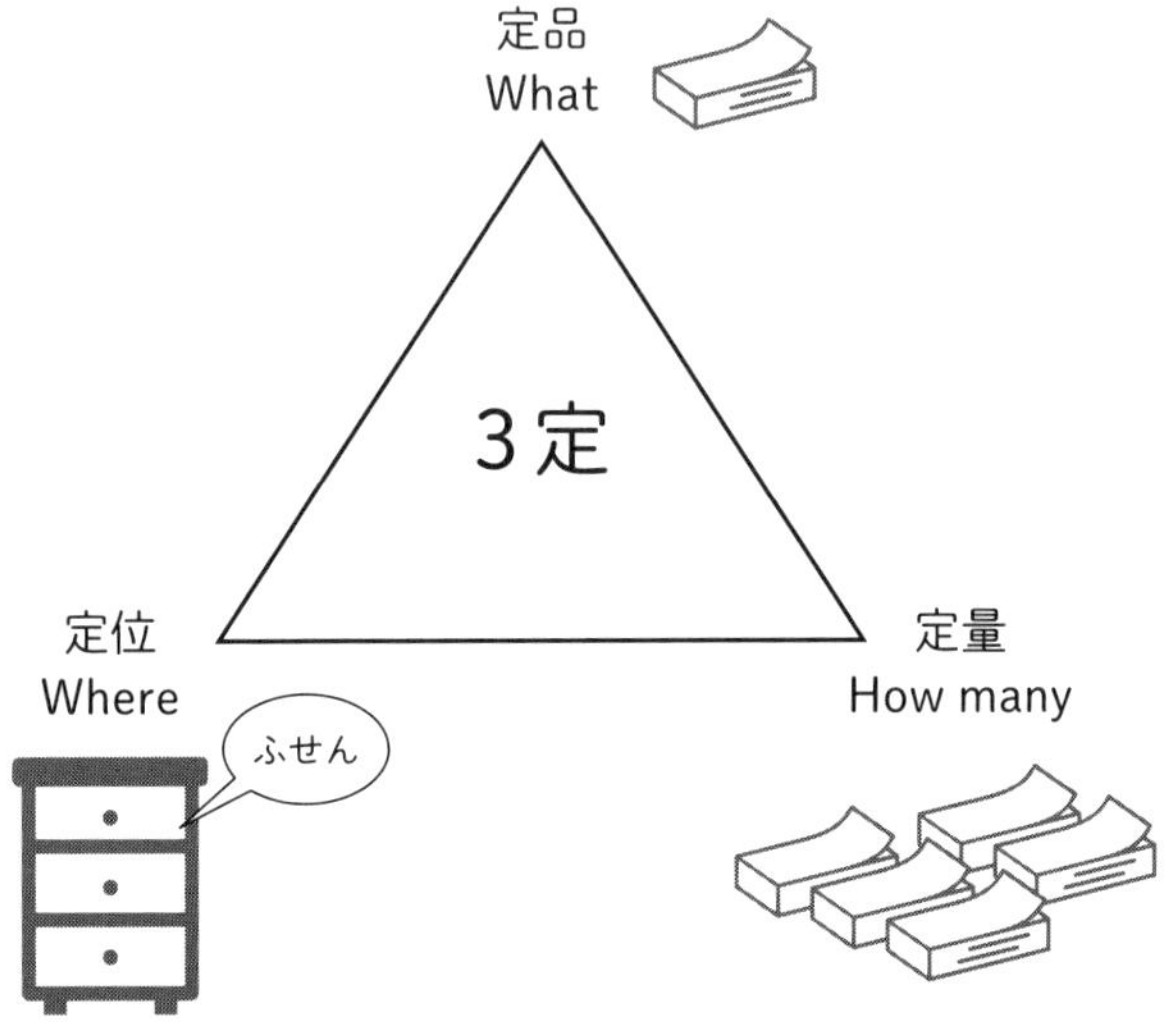

います。

日常生活も同じです。**「どこに何があるのか」がわかるかわからないのかで効率が大きく変わってきます。**

オフィスのデスクや自宅の書斎、仕事部屋などの整理《せいり》整頓《せいとん》が苦手という人は少なくないでしょう。何もかもがきちんと整理されているのを見て、うらやましく感じる人も多いでしょう。

しかし、きちんと整理整頓されている部屋が効率的かどうかは疑問です。「どこに何が置かれているのか」がわからなければ、整理してあっても、「すぐに必要なモノが見つから

ない」ということになるのです。

実際、「部屋を片付けてしまったら、どこに何があるのかわからなくなった」という人は少なくありません。つまり滞りをなくすために大切なのは「どこに何があるかがわかる」ということになるのです。


物流の現場整理の考え方に〝3定〟というのがあります。3定とは整頓の基本で、「定位・定品・定量」のことを指します。「決まった場所に、決まったモノを、決まった量だけ置いておく」ということです。

この考え方は滞りの解消にとても役に立ちます。

オフィスのデスクの上や自宅の書斎、仕事部屋などの整理は細かいところまで手を付けようとすればキリがないはずです。

整理整頓が苦手という人はまずは整頓だけを心がけ、その整頓の大原則である3定を念頭に「どこに何を置くか場所を決めておく」ということが、空間的な滞りを解消していく第一歩となるのです。

#10 タイパを良くしたいなら、仕事とプライベートは切り替えるな

タイパの悪い「平日と土日の区別」

「平日は仕事、週末は趣味や娯楽とメリハリをつける」というのは、意識高い系の人がよく実践していることだと思います。

さらにいえば「平日の午後5時を過ぎればプライベートな時間で仕事のことは忘れる」「仕事は平日だけで週末はプライベートに集中」といったライフスタイルです。

このタイプのライフスタイルの人にとって「金曜日の夜になったら月曜日の始業時間まで連絡がとれなくなる」といったことはざらです。仕事とプライベートを完全に分けることで効率も上がると考えているのでしょう。

しかし、本当にそうでしょうか。

「仕事とプライベートを分ける」ということを批判しているわけではありませんし、そうする人がいても不思議にも思いません。

けれども、少なくとも効率的な仕事術を実践したいと思うならば、**平日と週末で仕事とプライベートの区別をつけるのは得策ではありません。タイムパフォーマンス**（タイパ）**も悪くなります。**

平日の仕事モードと週末のプライベートモードは真逆です。週末に急に休みモードに入れることで金曜日の午後は仕事効率が落ちることになるし、週明けの月曜日はエンジンをかけ直さなければならなくなります。要するに、**金曜日の午後と月曜日の午前が非効率になるため、合計丸1日タイムロスをする**ことにもなりかねないのです。

仕事モードと休暇モードの切り替えが大きな失望感につながる

ロジスティクス工学では、スケジュールのムラやバラつきをなくし、こうしたタイムロスの発生を回避する方策として「平準化」が行われます。

「平日は仕事、週末はプライベート」というのでは仕事にもプライベートにもピークとオフピークが発生してしまいます。仕事とプライベートの時間的な区分という垣根を取り払うことで滞りをなくそうという考え方です。

実際、**週末の娯楽や趣味にしても、多くの人がプライベートモードになるわけだから気**

分転換をするにも非効率です。

行楽地に出かければ混雑。レストランの予約は取りにくくなる。映画や遊園地などは行列。しかも雨などの天候に左右されるような趣味や娯楽ならば、週末に対する期待値が高ければ高いほど失望感も膨らんでいきます。

それならば、仕事を入れてしまうほうが、かえって効率が上がるケースもあります。

本来、**仕事についてはオフピークの時間帯のため、ピーク時の制約条件に悩まされないというメリットもあります。**不本意ながらも休日出勤してみると「通勤電車は空いているし、オフィスでも落ち着いて作業ができた」といった経験は多かれ少なかれ誰にでもあることでしょう。

そして休日出勤の代わりに平日に代休や半休、時間休をとる。あるいは平日に仕事を早く切り上げて、趣味の時間をつくる。**このように7日間を仕事か趣味のどちらかに偏らせないで活用していくことを考えることも、滞りをなくすという視点からは有力な選択肢となる**のです。「週末だから仕事はしないほうがいい」「平日は仕事で手いっぱい」というのは認知バイアスでもあり、発想を切り替えることで滞りもなくなり、効率的な時間の活用も可能になるのです。

第2章

仕事の滞りを解消する

#1

月曜の会議はナンセンス、一番効率が上がるのは金曜夕方

週のスタートダッシュが会議でズッコケ

月曜の午前中は会議なので忙しい——こういう会社が少なくありません。

週のはじめにその週に必要な一連のタスクをチェックしておくことや、前の週のフィードバックを行うことなどが目的となるのでしょう。いわゆる週次会議です。

したがって、月曜朝の会議は「何かを決定する会議」（立案・議論メインの会議）というよりも、「現状や進捗《しんちょく》状況を確認する会議」（進捗状況報告メインの会議）ということになります。

しかし、滞りの解消という視点から考えると、月曜日の朝に毎週のように会議をするメリットはほとんどありません。月曜の午前中は1週間でもっとも慌ただしい時間帯ともいえます。ルーティンの事務作業が多く、急なタスクが飛び込んでくる可能性も高い時間帯です。その一番忙しい時間帯に、これまでの業務のフィードバックをしたり、新企画の立案を検討する必要性はありません。

個人の日常生活に当てはめて考えてみるならば、朝の身支度の忙しい最中に、前日の反省や来週の予定を議論するようなものです。

また月曜の午後も、本来ならばそこからその週のルーティンやメインワークを本格的に行う時間帯なので、進捗状況報告メインの会議をやるのは時間のムダでしょう。

せっかく仕事に本腰を入れようとしたところで、「これから会議がある」ということになれば、その日の仕事終わりが遅くなって残業する可能性も出てくるため、社員のモチベーションも下がるというものです。

トヨタの会議は火曜日、金曜日が会議なら時間短縮が可能

それゆえ、月曜会議の非効率を理解している企業もあり、たとえばトヨタの週次会議は火曜の朝に行われるといいます。また「週の折り返し点に当たる」ということから、水曜に週次会議を入れている企業もあります。

確かに火曜や水曜ならば、月曜の朝のように慌ただしいという感じもしないでしょう。しかし立案・議論メインの会議はともかく、進捗状況報告メインの会議を火曜や水曜に行うとなると、他のタスクに忙殺されている可能性もあります。そのため、「出席してもマ

ルチタスク（内職）の時間で、パソコンを広げて別の書類をつくっている」という人も出てくるでしょう。

私がこれまで見聞きした話でも、D社では連日のように営業が会議をやっています。ただし課長は部下の営業報告を聞いているだけ。その代わり、事細かに報告させているので、会議は長時間に及びます。「いったい営業活動はいつやっているのか」と思うほどです。

しかし、これでは冗長な会議のみならず営業成績のほうも心配になってくると思うのは私だけでしょうか。

滞りをなくすという観点から考えると、金曜夕方が最適といえます。

E社では営業の週会議は金曜日の夕方4時からと決まっています。時間も15分以内で必要事項はA4用紙1枚に箇条書きで数行以内と決めています。

「週末直前の金曜日の午後に会議をしても、みんな上の空で会議になりません」と思う人も多いのでしょう。

しかし、実はそうではないのです。**まもなく週末という「締め切り効果」が働くことから、会議を早く終わらせようという心理が働き、逆に効率は上がる**ようになります。「これが終われば、休める」という気持ちになることで、冗長な会議が引き締まるわけです。

反対に火曜や水曜の会議は「ゆっくり時間をかけて立案したり報告を聞ける」と考える人もいるため、実際は時間が十分にあることに甘えて会議を長引かせたり、余談・雑談、あるいは意味のない質問などで時間が延びることになりかねません。こういう会議好きの人に対して、金曜の夕方に会議を設定することで「週末なので会議はさくっと終わらせましょう」という無言の圧力をかけることもできます。

また、週末前に会議を行うことで、週明けのスタートの月曜朝から必要なタスクをタイムリーにこなしていけることになるのです。

#2 会議は悪という意識を徹底し、3つの対処をする

報告がほとんどになってしまう会議

本来、会議とは特定の議題を設けて意見交換をして、合意、意思決定を行うものです。

しかし、日本の場合、多くの会社の会議は「進捗状況の報告」に終始しています。

よくZ世代が「それはメールで済む話ではないですか」と批判的にとらえていることが話題になりますが、まさしくその通りでしょう。

「みんなで会うことに意味がある」「意見交換は対面でないと説明できないニュアンスがある」といったことが会議開催の根拠となることがありますが、実際は資料や書類の読み上げや読み合わせなどがかなりの部分を占めています。

また「議論したうえで決定する」ことになっている検討・審議事項は、長々と議論しても結論が出ないことがほとんどです。

実際、「何かを議論して決める」ことは、ガチでやろうとするとなると、非常に時間がかかります。1年議論しても喧嘩《けんか》別れにしかならないというケースもザラです。**会議で決まるとは「どこかで妥協する」ということ。「議論して、よりよい結果が出た」ということは、めったにない**といってもいいすぎではないのです。

会議の準備に時間をかけるのは自己満足

では、会社の長時間に及ぶ会議についてどのような姿勢で臨めばよいのでしょうか。

考え方としては3つあります。

「効率的な会議のやり方」を説いた本はとても多いのですが、実は会議で発生する滞りは会議の前後に発生しています。

たとえば、「効率的な会議にするために資料をたくさん用意する」のはどこの会社でも行われていることですが、これが滞りの要因をつくり出しているようなものなのです。

当たり前のことですが、資料が多くなれば必然的に会議は長くなります。議論・検討以前にその資料の説明、これまでの進捗状況の説明などが加わります。プレゼンだけで30分くらいかかることもザラでしょう。

そうなると会議は延々と終わらないかもしれません。しかも資料づくりに1週間以上かけたりすれば、どう考えても短時間では終わりません。

資料というのはつくり込めばつくり込むほど、専門性が高くなります。大人数で会議に出席しても、内容を理解できる人は一握りになります。ムダな進捗状況報告などを省き、資料も最小限で済むようにして出席者はできるだけ絞ります。

「資料はなくてもよい」(どうせ後でほとんど見返さない)**「出席者は最小限」**(多くの人は発言しない)**を徹底する**のです。

日本の会議は出席することに大きな意味がある

しかし、こういうと「そんな会議改革はできない。ウチの会社は保守的なので……」という人もいると思うので、そういう場合には、2つめの考え方で対応することを勧めます。会議のなかには「何もしなくていいから、とにかく関係者が出席してほしい」という類いのものがかなりあります。とくに大人数で行う会議はそうでしょう。

こうした会議は「出席することが大きな貢献」と自分に強く言い聞かせることが大切です。**「出席しているだけでは意味がない」というのではなく、「無事に出席できたことに満足する」という考え方**です。

1つめの考え方に比べて、2つめの考え方はいささか後ろ向きの考え方のように思えますが、実際はそうでもありません。逆に「毎回きちんと出席している」というのは当たり前とはいえ、社内で評価されることにもなります。したがって、それなりにモチベーションも高まります。

また「出席することが役割」と自分に言い聞かせることで「会議では発言しなければならない」などの心理的なプレッシャーから解放されることにもなります。野球やサッカーなどの団体スポーツでも好成績を上げる以前の問題として重視されるのは「全試合出場」などのいつも存在するという実績です。

メジャーリーグに「偉大なる2割5分打者」という考え方があります。試合で大活躍しても頻繁に欠場する選手よりも、打率はソコソコでも長期にわたって全試合出場する選手がチームとしては評価できるという発想です。会社の会議もこれに似たところがあるのです。**「ものすごく立派なプレゼンを年に1回くらいするものの欠席は多い人」よりも、「特別なことは何もしないが毎回必ず出席する人」が社内評価は高い**のです。

会議中のマルチタスクが認められる時代

3つめは実践するかどうかは自己責任でお願いしたい考え方です。それは会議中のマルチタスクです。

会社によってはグレーノウハウというかたちで会議中のマルチタスクを容認しているところがあります。**グレーノウハウとは「面と向かって聞かれれば、否定せざるを得ないことでも、暗黙のもとに認めている」というアンリトゥンルール（unwritten rule）のこと**です。

最近はパソコン持ち込みの会議などではマルチタスクをグレーとしてではなく、認めている会社も増えているようなので、グレーノウハウにかかわらず、思い切って上司や同僚にマルチタスクを提案してみてもよいと思います。

それでも認められない場合は、長時間会議の場合、必ず休憩を提案するようにしましょう。たとえば、10分の途中休憩があれば、簡単な電話やメールの連絡は取引先などに入れられます。あとあとのタイパを考えると、「会議途中の朝11時にメール返信した」というのと「会議が延びたのでメール返信は午後になってしまった」というのとでは、かなりの差になる可能性もあります。

ちなみにマルチタスクといっても、ガチで別の本格的なタスクをするのではなく、メールの返信やパソコンで書類作成などの短時間で行えるライトタスクです。

しかし、会議が長時間に及ぶようならば、こうしたちょっとしたマルチタスクを入れることで前後の滞りは格段に解消されるようになるのです。

#3

会議の「つまらない」は受け入れ、会議の「長い」を徹底して改善しろ

時間が余ったら、会議は早めに終わらせる

会議はいつも1時間と決め、毎週決まった時間に会議を行う会社は非常に多いものです。しかし、会議の目的や内容が毎回異なるということは少なくありません。

もちろん、目的や内容が変わっても、大学の講義などは「1コマ90分」というように、時間割のなかに組み込まれ、決まった時間に行われます。けれども、会議は講義とは異なります。**会議の長さはメリハリを設けることで滞りをなくすこともできる**のです。

会議が嫌われる理由は「つまらなくて長い」ということに集約されるはずです。しかし、娯楽番組や映画を観ているわけではないので、あまり面白くないのは仕方がありません。プレゼンを工夫したり、ファシリテーターが進行を円滑にしたりしても、基本的には真面目でリラックスできない内容になるのが当たり前です。

「出席者すべてが前向きに興味を持って議論できる」という会議は理想であっても現実的とはいえません。それをふまえて考えると、**「つまらなくて長い」の「つまらない」の部分はともかく、「長い」のほうを改善しなければならない**ことがわかります。

とはいえ、「内容が多くなり、どうしても長くなる」ということもあるでしょう。

10分で十分な会議は多い

そこで工夫するのが「メリハリ」です。

たとえば、毎週の定例会議で、「議論の時間がほしい」などの声が強く、会議時間をいきなり15分に短縮、固定するのが難しければ、原則1時間としつつも、「月に一度は15分以内に終わらせるようにする」といった具合に、段階的に移行させていくのです。それによって急な改変で生じる可能性のある滞りの発生を防ぐことができます。

基本的に会議の議題が1つならば、15分というのは説明・承認・共有という一連のプロセスを行うのに十分な時間のはずです。1週間で出てくる課題は4つもないと思うので、1時間（15分×4）もかからないはずです。実際、10分で十分という会議も多いのではないでしょうか。

「いや、うちの会社は毎週出てくる案件が莫大な数になるんです」という場合は、「本当にそれが会議で議論するに値する案件なのか」「個別の打ち合わせで解決できないものか」を事前によく吟味しておく必要があります。

一般的な会社では、大人数での会議よりも個別ミーティングで解決できる案件のほうがはるかに多いはずです。個別ミーティングをしっかりやれば、定例会議では承認と共有だけで事足りるでしょう。

「案件が多いから効率的に議事進行をする」というのは会議のファシリテーターのレベルでいうとかなり上級です。そうした人材がいる部署ならば問題はないでしょうが、多くの部署では期待しないほうがよいスキルです。理想ではなく、実践可能なレベルで滞りをなくしておくことが大切なのです。

#4 相互理解よりもタイパ優先、会議の雑談は徹底排除

フリートークは雑談の温床

長い会議となる要因の1つに、本来の議論、検討、審議などが終わった後に、「そういえば……」「話は変わりますが……」のような切り出し方で始まる雑談（フリートーク）があります。

「まだ時間の余裕があるから自由に気がついたことを話していこうか」という形で、フリートーク形式で雑談的な情報交換が行われるケースです。

せっかく会議を効率的に進めても「時間が余ったから」といって雑談のようなフリートークが始まれば、タイパは一気に悪化します。

雑談の口火を切る発言者は「雑談している」という意識はあまりないのかもしれませんが、本論から外れた誰にでも参加しやすい話が出てきたことで、他の人もその話に加わりやすくなります。しかも、こうした雑談を相互理解の深まるコミュニケーションと考える人もいます。雑談することで場もリラックスするからでしょう。

一見、相互理解にも役立ちそうな会議の最後のフリートークですが、「滞り」という観点から考えると、マイナス面が大きいことは否定できません。雑談の収拾がつかなくなり、会議の終了時間が大幅に遅れることも少なくないからです。

けれども、これももったいない話です。工夫して1時間かかる会議を30分で終わらすことができたにもかかわらず、その30分が雑談で消えてしまうのですから。

たとえていうなら、ギャンブルで儲《もう》けたあぶく銭を一瞬で使い切ってしまうようなもの。せっかくの苦労も無意味になります。予定よりも早く終わっても、わざわざ時間をつぶすかたちで時間管理を行う必要はないのです。

「よくない会議」の言語化が必要

同じように細かい会議のアジェンダ（議題）を作成して、その時間が少しでも短いと「あと10分あります」というように会議がすぐに終わらないように調整するファシリテーターがいますが、これも自ら効率化を阻害しているようなものです。

また、「よい会議では目的がはっきりしている」といわれることが少なくありません。「効率的な会議の進め方」が書いてある本の多くに見られるポイントです。

しかし、「目的がきちんと定まってない会議とはどんなものなのか」という説明が欠けている場合がほとんどです。「理想的な会議のイメージ」が書いてあっても、具体的にどんなケースがいけないかの説明が不足しているのです。

そこで何がよくないかということを言語化する必要がありますが、それは**「本論とは関係ない雑談が支配する会議」ということになります。**

雑談だけではなく、「1人ずつ順番に意見をいってもらいましょう」というのも、目的がわからなくなる会議によく出てくる展開です。

出席者の意見を聞くのは悪いことではないでしょう。ただし、それは毎回のように行う必要はなく、しかも事前に提出、あるいはメールでもできることです。「1人5分でかまわない」といっても10人話せば50分になります。親睦《しんぼく》や相互理解を深めることはできるかもしれませんが、頻繁にやる必要はないのです。

中途半端なアジェンダはないほうがまし！

「効率的に会議を進めるためにはアジェンダを作成するとよい」ということもしばしば指摘されます。確かに同じような内容で長時間、週に何度も繰り返し会議が行われるような場合は、アジェンダで進行を管理することが有効でしょう。

しかし、アジェンダもやりすぎるとマイナスになります。「時間が余っているからアジェンダ通り進めるために、もう少し話しましょう」などというのは、せっかくの効率化を台無しにするようなもの。中途半端なアジェンダなら、はじめからないほうがいいのです。

名案は会議の隙間の時間の雑談から生まれることも多いと思いますが、会議は本来、決められた議題のみを議論、検討する場です。**アイデア出しなどのブレーンストーミングは会議とは別に設けるのが本筋といえる**でしょう。

会議は雑談をしたり、1人ひとりの意見を聞いたりしていく、相互理解の場ではないはずです。いかに効率的に最適な決定を行うかを第一に考え、さらには会議の前後の時間帯に時間的・精神的な負荷をかけないように、大きな滞りを発生させないように工夫していくことが大切なのです。

#5 マイナス面ばかりの金曜日の出張はNG

「週末を有効利用できる」という建前

金曜日の出張ならば、出張先を週末に観光したり、現地で知人に会ったりすることもできる――こう考え、週末直前の金曜日に出張を入れる人も多いと思います。

「週末とはいえ、出張先で遊ぶのはけしからん」ということで、金曜日の出張でも「出張先の用事が終わったら当日帰社」と決めている会社もあります。

しかし、「出張先でも週末を自由に過ごす権利はある」という考え方から「ブレジャー」（ビジネスとレジャーの合成語）とか「ワーケーション」（ワークとバケーションの合成語）といった概念も出てきています。

したがって**金曜日の出張を禁止するのもおかしな話かもしれませんが、金曜日の出張は滞りの解消という視点から考えると、マイナス面が大きくなります。「仕事と遊びの境目」という状況が「遊び中心」にシフトしていく可能性が高くなるから**です。仕事よりも「まずは出張での息抜きありき」ということになってしまうおそれもあります。

もちろん、「遊びながら、ちょっと働く」という逆のスタンスならば、効果が出ることもありますが、それは日本の会社では例外的な扱いになるのではないかと思います。

出張を受け入れる側からすると、金曜日に出張を受け入れるということは多大な負荷となるのです。

「出張のあとは週末、観光におつきあいします」というケースや接待の席を設けなければならないこともあるのです。

社内会議のための出張は見直す

とりわけムダに思えるのが「社内会議のための出張」です。

社内会議のための出張を認めていると、金曜日に会議が意図的に組み込まれるケースが出てきます。しかし、わざわざ出張して、議論ならばともかく、報告だけのために、場合によっては資料を読み上げるだけのために出張するというのは、「それによってどのような効果が得られるのか」と問われれば、答えに詰まることになるでしょう。

さらにいえば、前述したように金曜日はコンパクトに会議を行ううえでは効果的な曜日なのですが、出張で来た人がいると、「せっかく来てくれたのだから、会議があまり短くては申し訳ない」という発想になりかねません。

加えて懇親会を会議後に組み込まなければならなくなることもあります。そうなると「効率的な会議を開催するために金曜日にした」という趣旨がまったくといっていいほど活かされなくなります。年に一度のイベントくらいならばまだマシでしょうが、長い会議に懇親会が加われば、とても冗長な1日になります。

総じていえば、「毎月、地方支社の責任者が出張で会議に出席して、終了後は懇親会を開催」というパターンは業務効率を非効率にするだけなのです。

このように会議の効率というのは会議時間内だけで決まるわけではありません。104ページの図は、滞りのない、効率的な会議の条件をまとめたものです。

時間帯、曜日などに細かく気を配ることで時間短縮や効率化が実現できるのです。

滞りのない会議を実現するためのチェック項目

会議の準備・資料

- ☑ 可能な限りデジタル資料にする。
- ☑ 中途半端なアジェンダは逆効果なので用意しない。
- ☑ 議事録は録音・録画（AIによる文字起こしの活用）。
- ☑ 報告資料作成に時間をかけない。

曜日の設定

- ☑ 月曜（とくに午前中）はNG。
- ☑ 金曜午後を第1選択肢として検討。
- ☑ 社内会議のための出張はNG。
- ☑「会議デー」は避ける。
- ☑ 開催曜日、開催時間帯、会議の所要時間にはメリハリをもたせる。

会議の進行

- ☑ 発言者・出席者は必要最小限。
- ☑ 報告の資料読み上げはしない。
- ☑ 予定よりも早めの終了を心がける。
- ☑ 雑談・フリートークは禁止（どうしてもしたい人は居酒屋へ）。

#6 終了時間を徹底するために、余裕がないときにこそ会議を入れろ

不正確な見積もり時間が長い会議の一因

会議が長く感じられる大きな理由の1つに「会議がいつ終わるかわからない」ということがあげられます。

会議時間をきちんと設定しても、早く終われば「まだ時間がありますから」と時間いっぱいまで行うところがあります。

その場合も議論が白熱したり、予定外の検討事項が飛び込んだりすれば、急きょ会議が延長されかねません。

さらにいえば、「進行が遅れているので時間を延長します」ということは日常茶飯事でしょう。「時間オーバーなので、もう会議は終わりにします」と打ち切られることは少ないはずです。時間が来ても検討事項が残っていれば会議は延々と続きます。

日本の会議の傾向として、**「スタート時間は秒単位で正確なのに、終わる時間は分単位どころか時間単位で遅れることも珍しくない」**ということです。

会議を正確に終わらせようとすると、「時間が足りなかったので延長したほうがいいのでは……」「別の機会に改めて検討する必要があるならば、今、決めてしまいましょう」といった意見が必ず出ます。

このように時間管理がうまくない会社がほとんどです。「時間ですから、終わりです」と率直にいえない日本人の国民性もあるでしょう。

会議の時間が延びる大きな理由としては、個々の検討項目や報告事項について所要時間の設定が甘いのでしょう。

たとえば「質問時間は5分以内」といった定型的な設定ならば、内容によっては短すぎることになり、それで時間が延びる可能性が出てくることは明らかです。

どんなによいファシリテーターがいても、発言者が多くなればそれぞれの持ち時間を管理できなくなります。

ちなみに、学術研究の学会などではベルを用意したり、タイムキーパーを設けたりして時間を管理しています。少し時間をオーバーしただけでも注意されることになります。したがって学術講演会などで大幅に終了時間が延びたという話はほとんど聞いたことがないのです。

会議が長くなると時間管理は甘くなる

一般に会議時間は長くなると、気が大きくなるのか、少々の遅れを見過ごす傾向にあります。「5分遅れるのも20分遅れるのも同じ」といった考えです。

これは行動経済学でいう比率バイアスが働くことが関係しています。比率バイアスとは意思決定などにおいて比率や割合を数字や状況の見せ方により読み誤ることです。

たとえば、20分の会議が40分になれば「倍も時間がかかりまずい」となります。これに対し1時間の会議が1時間20分になっても「20分のオーバーなら許容範囲だろう」となります。

しかし、どちらも8時間の勤務時間のうちの20分の浪費時間であることには変わりないのです。

会議時間を分母とするのではなく、勤務時間を分母として考えるべきでしょう。長い会議になり、時間に対しての許容度が増すのは警戒しなければなりません。

行動経済学の視点から解決策のヒントを挙げるとすれば、「ナッジ」を設けることをお勧めします。

ナッジとは行動科学をベースに「ちょっとしたきっかけ」で意思決定を方向付ける手法のことをいい、このナッジを会議の終わりにそれとなく設けておくことで、ストレスなく会議を時間通りに終わらせることができるようになります。

要するに、**終了時間が来たら必ず終わらせるように、終了後に次のイベントを組み込んでおく**のです。

「会議のあとはとくに予定はない」というのでは延々と会議が続くリスクが出てきます。「今日は会議デー」といった設定には間違ってもしてはいけません。

「会議の終了予定の午後3時には来客があり対応しなければならない」「ノー残業デーの午後4時から会議を行う」「昼食前の11時30分から短い会議を行う」といった工夫も有効です。

ポイントは「**前後の時間に余裕のあるときに会議を入れない**」こと。他の業務の隙間に上手に組み込むことが会議の滞りを解消するコツなのです。

比率バイアスに陥らない会議運営を

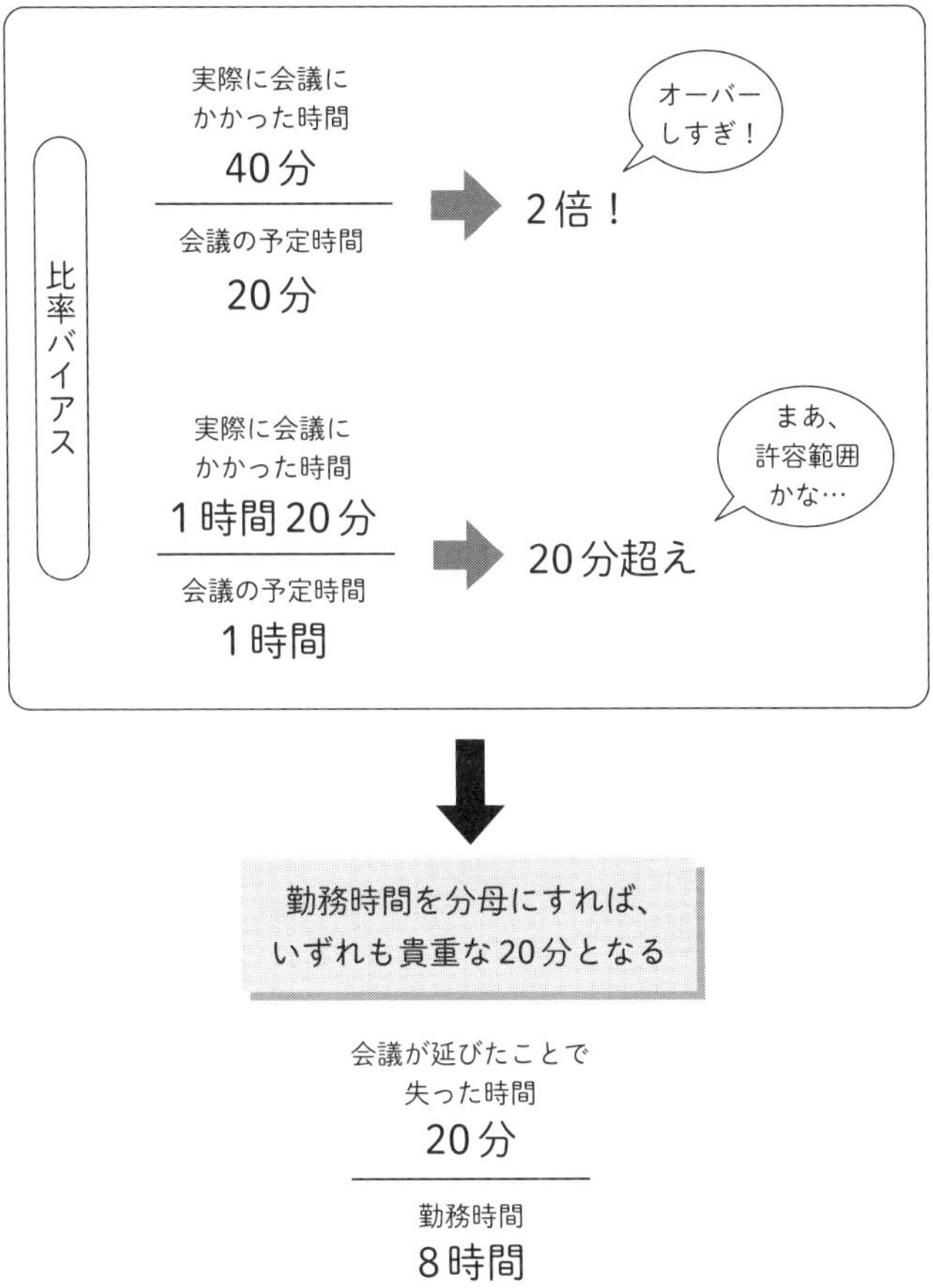

#7

資料も議事録も、紙とペンは死んでも使うな

デジタル資料を習慣化する

会議といえば欠かせないのが「議事録」。なければ会議で何が決まったかわからなくなるため、取締役会、教授会などの重要会議では不可欠になります。

しかし、この議事録というのがなかなかのクセモノで、とくに些末な会議まで議事録や議事メモを残すのはいかがなものかと、私は考えています。

なぜなら、議事録の作成には主観的な部分も多くなるからです。たとえば、ある出席者にとっては、「確かに意見として出たがどうでもいい話」が「重要な案件として提案があった」かのように書かれる可能性もあります。その場はそれで通っても、後々揉《も》めるリスクも出てくると、議事録作成の担当者も大きな負担を背負うことになります。

では、それほどまでに議事録が大切かというと、何度も見返される議事録は数えるほどでしょう。多くの議事録は基本的には書きっぱなしとなります。

だとしたら、部署ごとの週会議などは録音で十分でしょう。録音データをパソコンに保存しておけばいいわけです。オンライン会議ならば録画機能もあるので録画で十分です。必要に応じて文字起こしソフトを使えばいいのです。

また、資料の作成はデジタル化されていても、「資料は紙で配布する」「確認のためにプリントアウトして紙で確認する」では、何のためのデジタル化なのかわかりません。デジタル化の波に乗り遅れないためにも、紙媒体ではなく、デジタル媒体での確認を意識しておく必要があります。私自身、紙媒体での資料作成や保存は、以前はともかく現在はまったく行わなくなりました。そのため、今はプリンターも自宅にはありません。

もっとも、タイピングが苦手で、レポートの作成に途方もない時間がかかる人もなかにはいるでしょう。最初からパソコンをうまく使えるわけではなく、ある程度、スムーズにパソコンで提出物をつくれるようになるには誰でも時間がかかります。

そこでパソコンがどうしても苦手、あるいは「紙で資料をつくったほうが頭に入る」という人には手書き資料をスマホで撮り、画像として保存することを勧めています。

私の個人的な感覚では、慣れもあるでしょうが、**「手書きで1時間かかる資料は、パソコンならば10分でできる」といったところです。**テンプレートやコピペの活用、手書きでは絶対必要な清書の手間などがなくなるため、効率が上がるのは当然のことなのです。いつまでも紙とペンで作成しようとするのでは、能力も常識も疑われることになりますよ。

#8 不要な情報共有は雑音だから、報連相を徹底するな！

不要な情報共有が滞りを誘発

会議の資料を読むだけの報告はなくそうとしても、なかなかなくなるものではありません。それは多くの日本人が「報告は必ずしなければならない」と思い込んでいることも関係しています。実際、会議に限らず「上司への報告は常に必要」というのが日本社会。したがって、一般的には報連相は細かいほど評価されることになります。

ただし、それが大きな負担に感じる人は少なくないでしょう。

「会議が長くて非効率、そのうえ上司への報告事項がやたらに多い」というのでは、何のためにどんな仕事をしているのか、わからなくなります。

「部下には毎週、パワーポイントで報告書を書かせることにしている」という話はよく耳にしますが、書かされる部下の負担は相当なものになるでしょう。しかも書かせた上司はその報告書をきちんと読んで有効に活用しているのかどうかも疑問が残ります。

日本に来た外国人に聞くと、「そもそも報連相など存在しない」という国も多いようです。実際、グーグルやアマゾンのようなＩＴ系の先進企業で報連相があるなんて聞いたこともありません。躍進著しいアパレル企業のワークマンでも報連相は行われていないといいます。

なんでも情報共有すればよいわけではない

では、百歩譲って、報連相を令和風にアップデートするためには、どうしたらよいのでしょうか。

そもそも報連相とは「情報共有」という考え方の延長にあるのだと思います。

現代物流の基本的な考え方のベースにもなっている「サプライチェーンマネジメント」（ＳＣＭ）では、「情報共有を行って、必要なモノを必要なときに必要なだけ供給する」ことを重視しています。

この部分だけを切り取ると、「サプライチェーンの情報共有も会社の報連相も同じだ」ということになりますが、サプライチェーンで共有されるべき情報というのは**「在庫情報」などの滞りの解消に必要な情報だけ**です。枝葉末節な情報は共有することで、逆にマイナスになることもあります。

同じように、報連相でも業務に必要な情報だけを共有する必要があります。

「直接、業務に関係ありませんが、シェアしておいたほうがよい情報なのでお知らせします」といった言い方をする意識高い系の人もいます。けれども、そうした**余分な情報共有には何の意味もなく、「雑音を入れているだけ」**なのです。

しかも、そうしてムリやりシェアさせられた情報は無視するわけにもいきません。忘れないようにしたり、気に留めておいたりすることで、大きな負担に感じることにもなります。

「取引先の課長が金魚を飼っている」といった業務と関係のない情報を共有する必要はないのです。それを業務日誌に書く必要もないし、細かく上司に説明する必要もありません。

報連相についても、その手間や負担、タイパの悪化などを考えて、必要最低限の情報の共有のみで十分なのです。

ましてや報連相を強いるのは論外です。**「必要な情報を必要なときに必要なだけ共有する」ことで滞りの発生を未然に防ぐ。**ここがポイントなのです。

#9 月金は最悪のタイミングなので、納期・締め切りはそれ以外の平日に

締め切りを週の両端に寄せるのは非効率

資料作成などで締め切りはつきものです。

あなたが管理職やリーダーだとしたら、経験的に「とくに締め切り日を指定しないと、月曜日に提出する人が非常に多い」「仕事とプライベートを分けたい人は金曜日に提出してくることが非常に多い」ということを感じることが多いのではないでしょうか。

実際、資料などの提出の納期や締め切りを月曜、金曜という週の両端に寄せてしまう会社が少なくありません。月曜に締め切りを設定するのは、「週の始めから取り掛かりやすくなる」というのが大きな理由でしょう。

しかし、これも滞りの元になります。

繰り返しになりますが、月曜は朝から前週の積み残し作業が残っていることが多くなります。週明けというので連絡や打ち合わせなども多くなります。

一番滞りが少ない締め切り日とは？

			提出する側	受け取る側
×	月	締切	プライベートの土日に作業をしがちに。	前週の積み残し作業の対応や週明けの確認事項などもあり多忙。
○	火	締切	提出する側、受け取る側の双方にとって、一番負担が少ない締め切りが火・水・木。	
○	水	締切		
○	木	締切		
×	金	締切		目を通すのは、結局多忙な週明けの月曜日。

そのときに締め切りという、さらに余分な作業が加わったらどうなるか。

週明けが締め切りの場合、提出する側は、最終的な確認を土日に行う必要が出てきます。本来ならば休みであるはずなのに、月曜の提出のために時間を割かなければならなくなります。

月曜日の対極に位置する週末直前の金曜日も、締め切りについてはバッドタイミングです。こちらは提出する側にとっては、「週末までに仕上げれば、区切りもよい」と考えるかもしれませんが、受け取るほうにとっての負荷が大きくなるのです。

金曜日に資料をもらっても、目を通すのは翌週の月曜日以降になります。週末を挟むことで、週明けに内容をもう一度、フィードバックする必要も出てくるからです。したがって、締め切りは火、水、木のいずれかに設定するほうが業務の滞りは小さくなるのです。

さらにいえば、仮に週末に仕上げても、そのますぐに提出するのは控えるべきでしょう。**提出日は週中の平日になるように自ら調整して、受け取る側の滞りが最小限になるように配慮したい**ものです。

締め切り日だけでなく「締め切り時刻」も意味を持つ

提出時刻もちょっとした設定で負荷を軽減できます。クラウドなどへアップロードすることで提出完了となる場合、提出期限が時刻まで設定できることがあります。

その場合、初期設定が「23時59分」となっていることがあります。締め切り日いっぱいに締め切りが設定されているのです。

けれども、この初期設定のままにしておくのはトラブルのもとです。そもそも真夜中に締め切りが設定されていると、「どうせ先方が確認するのは翌朝だろう」と考えられて締め切り破り、納期遅れを助長することになるからです。

また、Z世代やデジタルネイティブにとっては、「期限までに提出すればいい」ということで23時59分ぎりぎりが狙われることもあります。その場合、ちょっとしたパソコンの不具合などで提出が遅れれば、揉めることにもなりかねません。

それゆえ初期設定から時間を変えて「期日の朝9時」などに変更しておくのが円滑な提出時間の設定にもなります。

納期・締め切りなどを「どうでもいいこと」と考えずに、ほんのちょっと工夫するだけでタスクの滞りは驚くほど解消されることになるのです。

#10 滅多にいない優秀な部下に期待せず、伸び悩む部下を覚醒させろ

優等生が好きな上司と劣等生が好きな上司

上司にとって「理想の部下」とはどんな部下なのでしょうか。

理想かどうかということではありませんが、「どのような部下を好むか」は2種類に分けられます。

それは「優秀な部下が好きな上司」と「できない部下が好きな上司」です。

優秀な部下が好きな上司というのは至極当たり前でしょう。誰でもしっかり仕事をこなしてくれる部下がいれば「鬼に金棒」と考えることになるのですから。

しかし、ある意味、**不思議に思えますが「できない部下を好む上司」というのが一定数いる**ことも否定できません。

プロ野球の名監督として知られた野村克也は「再生工場」の異名を持つほど、ダメになった選手を立ち直らせたことで知られています。またダメになった選手だけでなく、くすぶっていた選手、才能を十分に発揮できていなかった選手を一流に育て上げるのを得意としていました。

「それなら最初から優秀な選手をそのまま育てればいいじゃないか」と思うかもしれませんが、そうではなくて「できない選手を覚醒させる」というところに才能があったようなのです。

伸び悩む部下の滞りを解消できる上司

江戸時代中期の米沢藩の大名で名君といわれた上杉鷹山《うえすぎようざん》も不遇な人物を重用し、改革を断行したことで知られています。

優等生というのは、何事もそつなくできたり、意識も高かったりすることから、上司が何もしなくてもタスクをうまくこなしてしまいます。そのため「部下の手柄は自分の手柄」のように感じることがうれしい上司ならば、できる部下は大歓迎といったところでしょう。

ほんの少しだけヒントをいえば、何もかもわかってくれることもあります。難易度の高いプロジェクトや最高峰を目指す際には不可欠な存在ともいえるでしょう。

その代わり、少しでもよい条件の職場があったり、やりがいの感じられるポジションが与えられたりしようものなら、取り込み中のタスクを放棄してもそちらに移ってしまうということもあります。

「現在の仕事は面白いと思いますが、よりやりがいがあって、条件もよい仕事が見つかりました」といわれて、去っていくことも十分、考えられるのです。

もっといえば、そもそもそれだけの人材はなかなか集められないかもしれません。

「優秀な部下がいればなんとかなるのに」と思っても、それこそ現実離れした希望かもしれないのです。

けれども、優等生ではない人材の場合、むしろ「その場に居場所を見つけないといけない」と考え、必死になることも少なくありません。そこに効果的なアドバイスやサポートが加われば、大化けする可能性も出てくるのです。

先に述べた野村克也や上杉鷹山といった優秀な上司はそうした「才能ある劣等生」を見逃したりはしませんでした。彼らが大化けすれば、生来の優等生以上の大戦力となることを知っていたのでしょう。

劣等生の滞りをいかに解消するか――これも上司の大切な役割といっていいと思うのです。

#11 面倒見のいい上司はタイパが悪く、放任主義の上司はタイパが良い

完璧な上司から完璧な部下は生まれない

できない部下でも生まれ変わることができます。では、上司はどうなのでしょうか。

こちらも同じことがいえます。**できる上司、完璧な上司というのは、実は部下としては**

少々やりにくいところがあるのです。

もちろん、優秀な部下には優秀な上司が必要という面もあります。しかし、優秀な上司に求められる条件というのは、意外なことに「その人が優秀である」ということとはちょっと違うのです。

メジャーリーガーとして不世出の大選手となった大谷翔平選手の最初の上司であった栗山英樹氏は監督としては名監督でしょう。

でも、選手としての成績は失礼ながら「大谷選手に匹敵するほど秀でていた」とは言い難いと思います。

将棋界に革命を起こした藤井聡太八冠の師匠である杉本昌隆《まさたか》八段もタイトル戦の挑戦などの棋歴はありません。「トンビが鷹《たか》を生む」といっていいかどうかわかりませんが、上司と部下との関係としてとらえると大きなギャップがあります。

しかし、2人とも、上司、あるいは指導者としては共通点があります。それはともに**2人の天才に「自由にやらせた」**ということです。

栗山氏は大谷選手の二刀流をあっさり認めました。栗山氏以上に実績のある多くの球界OBが否定的で、おそらく栗山氏でなければ誰も認めなかったでしょう。

杉本八段の場合、将棋は「振り飛車」を得意としています。関連の専門書も著しています。しかし、藤井八冠の得意戦法といえば「角換わり腰掛け銀」です。師匠とは棋風もまったく違うのです。

干渉がなければ滞りもない

英国に「偉大なる無関心」という言葉があります。「世界中から英国を訪れる多くの外国人がロンドンなどにいると居心地がよく感じられるのは、イギリス人が外国人に対して無関心であるから」というロジックです。

あれこれ干渉されないからこそ、外国人も英国から自由な空気や発想を得ることができるというのです。そしてそれが英国への愛着や自分の向上にもつながっていくという考え方です。**「ノーサービス・イズ・グッドサービス」（サービスしないことが最善のサービス）という考え方がベース**です。

「上司からは何の指示もない」「自由にやれといわれているけど、とくに指導はない」ということが、結果として滞りの発生を防いでいるのです。

しかし、こういうと「何もしないならば上司なんかいらないじゃないか」と反論する人もいるかもしれません。

ところが、人間とは不思議なもので、「何もしなくても任され、期待され、注目されている」という雰囲気が肌で感じとれると、モチベーションが大きく上がり、滞りも解消するのです。

逆に**「部下には手取り足取り教えなければならない」「逐一、報告してもらわないと次の指示が出せない」などと考えることが大きな滞りを生む**のです。

したがって、干渉はしませんが、部下が大きな成果を上げたときにはそれを認め、評価し、一緒に喜んではどうでしょう。部下を高く評価して、その成長や成果を純粋な気持ちで喜ぶことで滞りも消え去ることになるのです。

「グッドボス・イズ・ア・グッドフレンド」（よい上司はよい友だち）でもあるのです。

第3章

勉強の滞りを解消する

#1

難しい資格取得は時間がかかるから、簡単な資格取得で可能性を広げろ

隙間の時間で資格取得を目指せ！

仕事に慣れてくると、気になってくるのが昇進・昇格、あるいは転職、あるいは起業などによるキャリアアップです。その際、実務経験と並んで重視されるのが各種資格です。**最近は、社内評価・人事を公正に行うという観点から、課長試験や役職試験などを設ける企業も増えているようです。また試験は行わなくとも、昇進・昇格の基準を文書化、明確化する傾向も強まっています。**各種資格はその際の物差しとしても重宝されるわけです。

しかし「働きながらだと、資格取得の勉強は難しい」という悩みは非常に多く、「昼はデスクワークや取引先回り、夜は接待」というのでは勉強時間の確保は難しくなります。また、加齢や生活環境の変化も関係しているのでしょう。社会人になると、学生時代には当たり前のように理解していたことがわからなくなります。

たとえば、日本の場合、小学校から大学までは曲がりなりにも英語教育が行われていま

す。「レベルが低い」「実践的ではない」といわれていますが、とりあえず勉強はしていまず。そんな評判の悪い日本の英語教育ですが、それでも、あるとないとでは大違いです。

社会人になり「英語からやっと解放された」と考える人は、それこそ瞬く間に英語がまったくわからなくなってしまいます。同じようなことは数学にも古文にも当てはまります。

学生から社会人に生活環境が激変し、それに合わせた対応を考えないと、大きな滞りが発生するのです。

学生時代は多くの自由時間を使って資格試験を取るための勉強ができます。しかし、社会人には学生ほどの時間はありません。しかも資格試験の社会人デビューということになれば、なかなかのハンディを背負うことになるのです。

資格取得の期待値は低くていい

「長年、外資系企業に勤めていましたが、一念発起して、公認会計士の試験に受かりました」

「勤務後にロースクールに通い、司法試験に合格しました」

このように難易度の高い国家資格を取得して、自由業として独立開業するイメージを抱く人は多いのではないでしょうか。
もちろん、それだけの資質や才能のある人が、そうした資格を取得するのは素晴らしいことだと私も思います。けれども、それに至るまでのハードルは相当に高く、複雑です。多くの時間とお金を費やすことにもなるでしょう。

そこでもう少し、別の角度から資格試験を考えることにします。

資格というのは、本来、「それが難しいから、取得すると希少価値があり評価される」というものではなく、「ある一定の知識・技能がないと任せられない業務があり、その遂行能力の証明」です。

したがって、目指す資格を決める際に、「その資格があれば何ができるか。それができることでどんなメリットがあるのか」ということを、まずは考えるべきでしょう。そのうえで、**まずはあまり時間をかけずに取得しやすいものから取得していく**のです。

たとえば、トラック運送会社の営業所ではガソリンや軽油を扱うことから国家資格の「危険物取扱者乙種第4類」の取得が必要になります。危険物取扱者には甲種と乙種があり、甲種は相当な難関ですが、「乙4」と呼ばれる乙種第4類はガソリンなどに特化した資格です。

私のゼミの学生にも受験させていますが、2～6カ月程度で合格する学生がほとんどです。しかし、物流ではなくてはならない資格の1つなので、取得することにより可能性は大きく広がります。

また、**この資格を取得することで、より上級の資格の勉強方法もわかってくるし、興味もわいてきます。**「学生時代に乙4を取得したことで、以降は働きながらの資格試験勉強も苦にならない」という学生も少なくありません。

いきなり大きな資格取得を狙うのではなく、**まずはスモールスタートを切り、その小さな成功を膨らませていく**ことが、資格試験に挑む際に必要な心構えでもあるのです。

#2 夜3時間の勉強はNG！朝・昼・夜それぞれ30分で効果は2倍

じっくり取り組もうとしてはいけない！

資格試験、とくに国家試験対策の勉強には、ちょっとした特徴があります。その特徴を理解していると、勉強計画がとても立てやすくなります。

それは多くの国家試験は複数の出題科目からなっているということです。

たとえば、社労士の受験科目は、労働関係科目と社会保険関係科目の2つのカテゴリーから大小含めて10科目あります。司法書士はもっと多い11科目、宅建士（宅地建物取引士）でも4科目あります。

語学の場合は出題形式別の対策が必要になります。たとえば民間資格のTOEICは、科目自体は英語のみです。しかし、出題形式がパート1から7まであり、リスニングやリーディング（読解）などの異なるタイプの問題演習を解いて対策を立てていかなければなりません。

これだけ細かく出題科目・分野が分かれていると、一気に勉強するのは非効率です。**「この分野を10分、別の分野を10分」というように、細かく時間を区切って勉強したほうがよく、一問一答などを繰り返したりしていくのが効果的**なのです。

ある意味、ビジネスピープルが試験勉強をしやすいように広く浅く、試験範囲が設定されているといえるかもしれません。

しかし、「昨夜、3時間ずつ勉強したから、この科目はかなり理解できたけど、他の科目を集中して勉強する時間がない」という声もよく耳にします。

確かに出題分野が多いので、このように1つの科目に時間をかけてしまうと、別の科目が疎《おろそ》かになってしまうのは否めないといっていいでしょう。

仕事の傍らの30分は〝神時間〟

そういうときは、**ロジスティクス工学では非効率とされるバッチ処理**（まとめ処理）**ではなく、効率的なリアルタイム処理**（都度処理）**で対応すること**を私は勧めています。

一例を挙げると、「土曜日は朝、30分ほど時間がとれるので、労働基準法、雇用保険法、厚生年金法の一問一答を10分ずつやる。昼と夜も同じように30分ずつやる」というやり方です。

このような勉強スタイルならば、仕事の傍らでも、負担なくできるはずです。滞りをなくすという視点から考えても、3時間の勉強というのは、かなりの負担になります。しかし、隙間の時間を活用すれば30分が「神時間」になるのです。

また、長時間の勉強時間を効率的に使おうと、「3時間あるから、最初の30分はこれをやって、その後は暗記に30分、それから……」というように3時間の勉強割り当てを細かく決めるのも考えものです。予定に追われ、かえって滞りが生じることもあるからです。

「会議の役に立たないアジェンダ」のような、「役に立たない勉強の時間割」を、時間を

かけて作成しても、その通り、予定を消化することはできないのです。

それならば、10分単位くらいで科目や分野を変えていけば、多数科目でも意外とサクサク勉強できるものです。出題科目を順番に10分程度ずつ勉強していくのです。それによって神時間が誕生するのです。

「調子がよければ苦手な科目、そうでなければ得意な科目」というように、その日のコンディションや疲労度、忙しさなども考慮して勉強内容は変えていきます。

もっとも、これはオフピーク時の勉強方法です。

試験の直前などのピーク時には「今日はこの科目だけ3時間、徹底的に復習しよう」といったメリハリをつけていくことも大切です。

#3 過集中は脳への負担が大きすぎるので、6割の集中度で勉強しよう

長時間の勉強はかえって非効率

勉強は集中力が大切だと思うが、なかなか集中できない――このような相談を受けることがあります。しかし、集中すれば効率がよいかというと、必ずしもそうではありません。スポーツでも練習のやりすぎで故障する、あるいは、「疲れて本番で実力が出せない」ことがよくあります。

終わりのない残業、長時間に及ぶ会議などの内容が実はスカスカであることは少なくありません。

勉強も同じです。**集中度が高すぎれば、逆に非効率となります。いわゆる過集中という状態は逆に脳に対する負担が大きくなります。**ずっと問題を解き続けていたり、長時間暗記に集中したりしても効果的かどうかはわからないのです。

今日の自由時間は8時間あるから、ずっと集中して勉強したい――こう考える人は少なくありません。

確かに、その日1日だけを考えれば、集中的に長時間、勉強するのは可能かもしれません。けれども、集中したからといって、必ずしも効果が上がるわけではないのです。

集中するというのは脳が常にピークタイムの状態です。仮にその日は、1日8時間の勉強が可能だとしても、翌日は脳がオーバーヒート状態で集中度は一気に落ちてしまう可能性があるからです。

勉強時間は「6割」が一番効率的

6時間勉強時間を確保できる場合	集中度	効率	翌日のコンディション
今日は6時間勉強するぞ！	低〜中	低〜中	低
今日は4時間くらいにしておこう。	中	中〜高	中

休憩までの時間単位	集中度	効率	休憩後のコンディション
1時間	中	中	中
30〜40分	高	高	高

例外となる人たちも一定数いるでしょう。しかし、一般的には「集中力を保ちながら長時間、勉強し続ける」のは非効率このうえないことなのです。

目安としては、「がんばればこれくらい勉強できる」時間の6割くらいが、習慣化しても継続できる適切な勉強時間といえます。たとえば、**「週末ならば1日6時間は勉強できる」のであれば、その6割の3〜4時間が負担のない勉強量**なのです。

6時間の余裕があり、3時間半勉強して、30分は休憩、残りの2時間はYouTubeやインスタグラムの動画を作成したり、読書をしたりするなど、気分転換、マルチタスクで対応するのがよいでしょう。

また時間単位の使い方も、一般的な勉強時間の一区切りとされる「1時間」の集中学習ではなく、その6割程度の「30〜40分」を一区切りにするくらいが、ちょうどよいのです。

損をしているシングルタスクの信奉者！

人の脳はシングルタスクに向いているという話を聞いたことがあります。長時間、集中して勉強するのが効率的なのではないか——このように長時間の集中学習のメリットを主張する人もいます。

しかし、シングルタスクがよいのかマルチタスクがよいかは、その人個人の状況や習熟度・熟練度次第なのです。

ただし、**一般的には、適度なブレイクを挟みながらマルチタスクで勉強するほうが、長時間、メリハリなく、シングルタスクを行うよりも効率的になるといわれています。**これは、短い休憩を取ることで脳の疲労が軽減されることが関係しています。

実際、大谷翔平選手の活躍で注目されている野球の二刀流もマルチタスクの一種です。投手と打者を両立させることで、気持ちや視点の切り替えもできるわけです。

マルチタスクと相性のよい分散学習

こうしたマルチタスク型の勉強方法は「分散学習」と呼ばれ、その効果は多くの教育心理学の専門書で提唱されています。分散学習の研究の歴史は古く、19世紀の終わりに実験的な研究が行われ、その効果が確認されています。

12個の無意味なスペルを被験者に覚えさせたところ、集中学習では75回の反復が必要でしたが、分散学習では38回で済んだというのです。

一夜漬けで丸暗記しても長く覚えてはいられませんが、「毎日30分ずつ勉強していれば試験が終わっても記憶が定着する」というイメージです。また「30分勉強したら30分家事をして、それから30分また勉強する」といったように、マルチタスクにすることで記憶に定着させるのも分散学習です。単純な暗記系科目などでは分散学習のほうが集中学習よりも学習効果が上がるわけです。

近年はスマホなどを使った短時間学習が1つの流れになってきているので、これまでとは異なる視点からの研究も増えてきています。

ただし、一般的には「集中して勉強したほうが効果が大きい」という認知バイアスが浸透しています。そのため、「資格試験などでは覚えることも多く、集中して勉強しなければ合格できない」と思ってしまうのです。

しかし、マルチタスクで勉強を進めていけば、短い息抜きと、気分転換が適度に得られます。それにより勉強のモチベーションも維持しやすくなります。

試験勉強の合間に休憩時間を入れ、その際に、メールやSNSの確認、会社の資料の見直しや文書作成などを行う。滞りの解消という視点からも理にかなっているやり方といっていいのではないでしょうか。

マルチタスクの優先順位や並行手順などについては、スマホのリマインダー機能を使えば十分です。いちいち時間をかけて「ToDoリスト」をつくっても、つくっている間に頭に入ってしまうので時間のムダです。

学生と違って時間の余裕がないビジネスピープルの場合、分散学習の考え方を取り入れていくことで資格試験の勉強もやりやすくなります。国家試験でいえば合格率10〜40%くらいの「1年勉強すれば受かる可能性のある試験」ならば効果は絶大です。

ちなみに物流の世界でも、マルチタスクで効率を上げる「セル生産方式」が知られています。**各作業者がシングルタスクを請け負うのではなく、マルチタスクを行う**ことで効率化をはかる手法です。

#4

隙間時間は参考書ではなく、YouTube動画で埋めろ

スマホの隙間学習なら5分でも長い！

分散学習という視点から考えると、隙間時間の勉強は効率的といえます。

しかし、10分の隙間時間にテキストを見直したり、ポイントを暗記したりするだけでは工夫不足です。そこで効率的な勉強をするうえで活用したいのが、YouTubeなどのSNSです。

YouTubeはスマホの普及に加えて、テレビのリモコンからも接続できるようになったことで加速度的に利用者が増えています。

しかも、資格試験、語学、プログラミングなど、YouTubeのコンテンツは日々、増え続けています。時間がなければ倍速で視聴することもできるし、わかっている箇所はスキップすることもできます。「5分ならば長く感じる」といわれるくらい短い動画でポイントが説明されています。

通勤や休憩などの隙間時間に、スマホやタブレットを活用して短い動画を視聴しておけば、その日1日の勉強に時間的な余裕も出てきます。

私も仕事に幅を持たせるために、プログラミングや語学の動画を視聴することがあります。機械学習の必要なプログラミング言語Pythonや、中国語やハングルの勉強など、隙間時間のYouTubeが中心です。

先に紹介した物流業界で働く際に役に立つ運行管理者資格試験や危険物取扱者乙種第4類なども、動画で大枠や試験対策の基礎が学べることから、学生や実務家の方々に視聴を勧めています。

YouTubeがあれば専門書はいらない

資格試験対策というよりも趣味に近くなりますが、私の経験をお話しします。

実は金魚の飼育について、YouTubeだけでノウハウを学んだことがあります。令和の時代の金魚飼育は昭和の時代の「縁日で買ってきて、そのまま小さな水槽に入れて育てる」というものではなく、かなり専門的になっています。飼える種類の金魚も増えています。どのような金魚をどのような水槽でどれくらいの温度で育てるのかなど、知っておいたほうがよい情報も増えています。

昭和や平成の時代ならば、金魚飼育の入門書や専門書を買ってきたり、ペットショップで相談するなど、試行錯誤で時間をかけながら理解しなければならないことばかりでした。

しかし、ＹｏｕＴｕｂｅを活用すれば、通勤時間だけで基本的な知識を学ぶことができます。

水槽の大きさからエアポンプ、水質・温度管理、バクテリア剤の活用、病気の治療方法など、きめ細かな動画が上がっています。通勤時間に動画を観て、そこで知ったことを実践するだけで一通り、今風の飼育ができるようになったわけです。

金魚の飼育はあくまで一例で、資格試験対策をはじめ、仕事に関わる知識・スキルにおいても、まったく同じことがいえます。隙間の時間にＹｏｕＴｕｂｅをうまく使いこなせる人とそうでない人とで、タイパも格段に違ってくるのです。

#5

暗記するなら通勤時間よりも、出勤直前＆帰宅直後

出勤直前の特別感を記憶に刻み込む

資格試験の突破のためには、単に過去問などを解いていくだけでは不十分で、暗記も必要不可欠です。

しかし、社会人が仕事の合間に暗記の時間を確保するのは、なかなか難しいものがあります。

隙間時間の活用ということで、通勤時間を活用している人も多いと思いますが、時間が確保できても効率的に暗記できるかどうかは人によるでしょう。朝の通勤時間（満員電車）のなかでは「立っているのがやっと」の日もあるでしょうから。

そこで、**私がお勧めしたいのが出勤直前と帰宅直後の時間帯**です。

出勤前は短い時間で「これだけ覚えてから出勤しよう」と決めることで集中力が高まります。覚える事項は少ないでしょうが、確実に記憶に定着するというメリットがあります。

「週末に1時間かけて50項目を覚えたが翌日まで記憶に残っていなかった」というのでは非効率も甚だしく、「毎朝出勤直前に10分ずつ時間をかけて10ずつ、50項目覚える」ほうが、はるかに効率的なのです。

朝は脳が休息してリセットされているので、新しい情報を吸収しやすい状態ではあるものの、通勤時間となると、ラッシュなどで周囲の環境が慌ただしい状況で集中力が散漫になりがちです。

ところが出勤直前は通勤という次のタスクに備えて、比較的、集中力が高まっている状態にあります。ちょっとした緊張感もあるでしょう。その集中力と緊張感を暗記というタスクに向けるのです。

また、非常に限られた隙間の時間でもあるため、特別感も高く、その時間に学習したという思いが強く記憶に刻みこまれることになります。

さらにいえば、通勤直前ならば、暗記に簡単なインセンティブを加えることもできます。インセンティブを加えることでタスク効率を上げるのは行動経済学のセオリーの応用です。たとえば「必要事項を3つ暗記したら、通勤途中の駅でグミを買うことにする」と決め、ちょっとした自分へのご褒美を出すのです。

通勤直前の時間は、隙間の学習に際しては見落とされがちです。しかし、わずかな時間ながら、かなりの効果が期待できるのです。

帰宅直後の緊張モードを利用する タスク・スイッチングコストの最小化

これとは対照的に、帰宅直後はそれまでの勤務モードから完全に解き放たれる直前になります。自宅に戻り、ビジネススーツを脱いで部屋着に着替えてしまえば、「くつろぐ」というモードに切り替わってしまいます。

そうなれば、それから気持ちを切り替えて、すぐに勉強を始めるのはなかなか難しくなります。「お風呂に入ってビールを飲んだら、勉強をする気はなくなる」ということもあるでしょう。

もちろん、一休みしてから勉強時間を設けるということも可能です。けれども仕事から休憩を経て勉強モードに切り替わるまで、かなりの時間がかかる可能性があります。

こうした気持ちの切り替えにかかる手間暇を「タスク・スイッチングコスト」といいます。スケジュール通りにタスク管理ができない人はこのタスク・スイッチングコストが大きいのです。

1日のタスクの流れを滞りなく進めていくには、タスク・スイッチングコストを最小化する必要もあるのです。

タスク・スイッチングコストの最小化が効率化のカギ

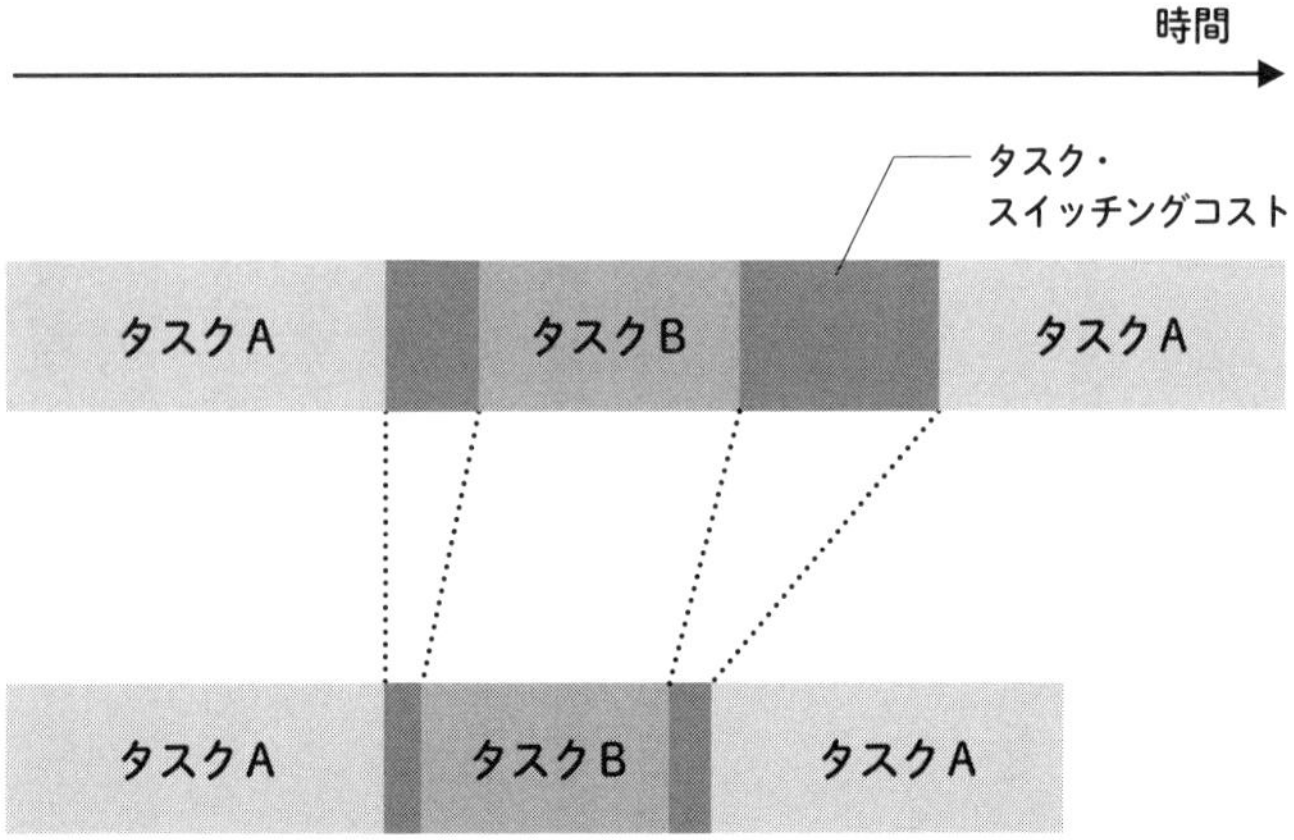

そこで注目したいのが帰宅直後の時間です。帰宅しても部屋着に着替える前ならば、まだ、くつろぐモードには入っていません。ほどよい緊張感も維持されています。そのタイミングを活用して、スモールタスクとして暗記学習を行うのです。**暗記時間としては10〜15分くらいで十分**でしょう。

また、出勤直前と同じように「5つ暗記したら、着替えて風呂に入れる」などのちょっとしたインセンティブを加えることもできます。

一概に隙間の時間といっても集中力の高いときもあれば低いときもあります。「どのタイミングだと集中力が高くなるのか」ということを考えていくことで、タスク処理にかかる滞りを解消していくのです。

#6 意識高い人でもサボってしまう朝カフェで勉強は絶対するな！

意識高い系が集まるように見える非効率な空間

週末の朝、カフェに行くと、ビジネスピープル、大学生、高校生など多くの人がパソコンや参考書を広げて勉強や資料づくりに専念しています。

「みんなすごいな。週末、朝早くから勉強している人や仕事のタスクをこなしている人はこんなにいるんだ」

私もこのように思っていた時期がありました。

しかし、よくよく観察してみると、不思議なことに気がつきました。たとえば、タワーマンションが林立している都心に近いM駅のカフェ。たまたま研究の打ち合わせで週末に時々、使っていた時期があるのですが、いつも店内は早朝でも満席に近い状態でした。よく見ると、多くの利用者は近隣の住民のようでした。タワーマンションという住環境に余裕がある人たちが、なぜわざわざ早朝にカフェに来るのか……、不思議でなりません。

しかも、**肝心の勉強している人たちですが、どうも効率はよくないように思えます。**参考書の同じページをずっと凝視している高校生。結局はパソコンでゲームをしている大学生。社会人もパソコンを広げていますがメールを見ているか、ネットサーフィンをしている人がほとんど。一般に想像されるようなパワーポイントで資料づくりをしていたり、資格試験の問題集を一心不乱に解いていたりする人など、ほとんどいませんでした。

タワマン住まいでも自宅で勉強できない人たち

じっくり勉強をするのであれば、自宅ですればいいはずです。けれども、自宅で勉強ができないとしたら、自宅環境の課題が考えられます。

まず、家族と一緒では勉強しにくいということです。朝からとはいえ、どうしても家族の生活音も出てきますし、声もかけられるでしょう。たびたび勉強が中断してしまうことになります。また部屋が狭く、整理整頓されてないために勉強に必要でないものが目に入り、気が散ることもあります。

それに比べると、タワマン近隣のカフェの場合、住環境には恵まれています。ただ、朝カフェに勉強に行く理由は他にもありそうです。

考えられるのは、「土日の朝の勉強プランがきちんと定まっていない」ということです。「朝カフェにとりあえず行こう。そこで、できることをやろう」くらいの考えの人が多いのでしょう。

朝食をまずとって、カフェラテでも飲みながら勉強すればいいというわけです。しかし、「朝カフェで何をやるのか。どのような手順でタスクを進めていくのか」が、はっきりしなければ、軽食をとって帰ってくるだけになるでしょう。

また勉強時間と休憩時間の区別もつきにくいので、集中力を維持していくのも難しくなります。

したがって、朝カフェ勉強を成功させるには、しっかりした目標とそのためのモチベーションが必要になります。

もっとも、それだけの意志と実行力のある人ならば、わざわざ朝カフェに行かなくても自宅で勉強できるはず。**朝カフェ勉強は往復時間や飲食代を考えると、時間とコストのムダにしかならない**のです。

私もやむを得ず、カフェで仕事や勉強をすることはありますが、週末の朝カフェはしません。週末の朝は睡眠時間をしっかり確保することにしています。

また、平日などにどうしてもカフェで仕事や勉強をするときでも、「シングルタスクで

1時間以内」と決めています。それ以上の時間の勉強は、カフェのようないつでもリラックスできる空間では、逆に休憩モードに入りにくくなるような気がするからです。

#7 土曜日の朝よりも、日曜日夜のほうが効率は上がる

勉強効率を上げるためにはまず休む!

物流では曜日ごとに出荷量や在庫量が変化することがあります。特定の曜日の出荷量が多いことを「曜日波動」などというので、物流関係者は「何曜日にはどんな特性があるのか」ということをよく考えます。

勉強にも曜日波動があるように思えます。しかし、「タスクの種類によって曜日ごとの効率が異なる」ということは、これまでほとんど注目されなかったように思えます。

そこでここではまず、金土日という週末の3つの曜日の特性を考えながら勉強効率について考えていきたいと思います。

土日まとめて何かすることもあると思います。どちらかを勉強に当て、もう1日にショッピングやイベントといった外出などの用事を入れる人も多いでしょう。

週末の勉強というと講習、セミナーなどに行くこともあるでしょうが、過去問を解いたり参考書を読んだりする人も多いと思います。

そのときのスケジューリングですが、滞りの解消という視点から考えると、**土曜日に勉強を詰め込むのは得策とはいえない**というのが、私の持論なのです。

「仕事が終わってもすぐに勉強できない」のは当たり前

平日、月曜日から金曜日まで働いている人の場合ですが、金曜日午後までは基本的に仕事モードにあります。それを金曜日の夜から週末モードに切り替えるわけですが、その際に負荷（タスク・スイッチングコスト）が発生します。

「仕事が終わったから勉強」とはなかなか気持ちが切り替わりにくいのです。

たとえば、勉強しながらも会社で上司にいわれたことが気になったり、仕事の案件が頭によぎったりします。それでは学習効果も上がらないでしょう。

そこで必要なのは、まず気持ちのスイッチをしっかり週末モードに切り替えることです。

勉強といっても資格試験などの場合、仕事の延長の意味合いもあります。まずは休憩、リラックスできることに取り組んで気持ちを切り替える必要があるのです。

つまり、土曜日はまず気楽に取り組めることから手をつけていただきたいのです。仕事以外の人に会ったり、映画を観たり、イベントに参加したりするのがいいでしょう。そうやって、**「十分に気分転換をした」という週末の満足度を上げたうえで、精神的な負担を多少なりとも抱える勉強に取り組むようにする**のです。

勉強を始めるタイミングですが、私は日曜日の夜で十分だと思います。状況によっては日曜日の朝から勉強を始めてもかまいません。しかし、土曜日にリフレッシュしたのであれば、日曜日の午前中は多少は疲れがあるはずです。睡眠を十分にとったり、何もしないでゆっくり休んだりしてもいいでしょう。

そして勉強を始めるのは日曜日の夕方からです。3、4時間を目安にします。

「もっと勉強したほうがよいのでは……」と考える人もいるかもしれませんが、リフレッシュして仕事の疲れをとったあとは、勉強の効率も上がります。

もちろん勉強慣れした人は別です。しかし、日頃から「週末になかなか勉強する時間がない」といっている人は、まずはこのやり方から始めてみませんか。

#8

金曜日に勉強するなら、土日の勉強は考えるな

滞りのない勉強プランは休息から考える

「土日はゆっくり休みたい」「土日は旅行に行く予定」など、土日を完全な娯楽・休息モードとする場合は金曜日にまとめて勉強するのも方法の1つです。日曜日に勉強するのではなく、金曜日に勉強して、土日はゆっくり休むというモードも有力です。

金曜日に勉強するメリットはいくつかあります。**本質的な目的は「金曜日に勉強することで土日の勉強量を抑える」ということ**です。それに加えて、効率化をはかるという意味でも効果があります。

金曜日というのは、「仕事がやっと終わった」という安堵感《あんどかん》が大きくなる日でもあります。仕事から解放されたという気持ちからリラックスできます。仕事を終わりにしてプライベートな時間に切り替わる瞬間に少しだけ勉強しておくのです。それで滞りが解消されて集中力も高めやすくなるのです。

また、金曜日はタスクの報酬としてのインセンティブを設定しやすい曜日でもあります。「ウィークデーに仕事をして、週末の入り口に勉強すれば、残り2日間はアウトドアライフを楽しもう」といったように動機付けできます。もっと極端にいえば、金曜日にがんばってタスクを消化すれば、土日は睡眠不足の解消などに当てても構わないのです。

「土日はずっと寝ていた」というと、「時間をムダにした」「有効活用できなかった」と思う人もいます。けれども週末にゆっくり休むことで逆に効率は向上します。**勉強を滞りなく進めるのは「いつ、どこで、どのように休むか」が重要になってくる**のです。

きちんと休めない人は効率的に働けない　リカバリー経験のスムーズな実践

産業心理学の分野では、リカバリー経験の研究が進んでいます。

リカバリー経験とは、仕事のストレスによって消費された自分の長所や強みなど（社会的資源）を元に戻す活動のことをいいます。仕事から物理的・精神的に離れて、仕事のことを考えない①心理的距離、②リラックス、③熟達（自己啓発）、④余暇の時間の自由行動を自分で決めるコントロールの4種類からなるとされています。

金曜日という週末の入り口に勉強すれば、リカバリー経験がスムーズに実践できるようになります。仕事から心理的距離をとり、リラックスして、自己啓発を行い、自分の行動を自分で決めることになるのです。

ただし、金曜日の場合、仕事とプライベートな時間の境目にもあたるので、会社の同僚などとの交流の機会も多くなります。そこで、「毎週金曜日は飲み会」という人は、金曜日の勉強ではなく、日曜日の夜などに勉強時間をスライドさせておくのがよいでしょう。

逆に会社の同僚などとの交流の機会を活用して、勉強会を開催したり、セミナーや講習などに参加したりすることも可能です。そのあとに懇親会のようなかたちで勉強のあとのインセンティブとして飲み会を設定する人も多いようです。

私が主宰する物流の勉強会も金曜日に行われることがあります。平日だと勉強しにくい人でも、週末への入り口である金曜日は「翌日は家でゆっくりできる」という理由から参加されることが多いようです。

「週末の勉強」といっても、金曜日にするか土曜日にするかで効率は変わってきます。それぞれの曜日の特徴を理解しながら勉強するのもタイパの向上には欠かせないのです。

#9 資格は身の丈に合ったレベル、1カ月で取れるモノから取れ！

勉強する限り必ず資格は取得しなければならない！

ブラジルの格闘家、ヒクソン・グレイシーは「自分よりも強い相手とは戦わない」といいます。

柳生新陰流《やぎゅうしんかげりゅう》の柳生宗矩《むねのり》も剣豪・宮本武蔵も自分より強い相手とは戦いませんでした。

もちろん、「自分より強い相手と戦わない」のは卑怯《ひきょう》というわけではありません。自分の力と相手の力を見極める確かな目があればこそできることです。

資格試験への挑戦もこれと似たところがあります。**背伸びせず、自分の身の丈《たけ》に合う資格から取得していくのが賢いやり方**です。まずは1カ月あれば取得できそうなハードルの低い資格から挑戦していくのがいいでしょう。

たとえば、簿記をまったくやったことがない人ならば、簿記3級を目標にしてみるのです。「なんだ3級か」と思うかもしれませんが、簿記というのは「全然知らない」と「ちょっと知っている」の差が非常に激しい科目です。貸方借方とか勘定科目といった概念は簿記3級レベルになると、重要であることがよくわかります。資格のレベルとしても1〜3カ月程度での取得が目安になります。早く取得できて満足感の高い科目なのです。

またウェブデザイン技能士3級も合格率が60〜70％と高く、30時間ほどの勉強で取得できる国家資格です。在宅ワークなどに活用できる国家資格として将来性が期待されています。

新設の資格、たとえばかつての宅建士や運行管理者などがそうであったように、誕生当初のハードルは低い場合が少なくありません。資格取得者の設置義務が法律で定められるなど、社会で必要性が高くなると難易度が一挙に高くなることがあることも明記しておきましょう。

将来、取得が難しくなる資格を狙う

最初から難しい資格を狙うのではなく、**「この資格は将来、合格率が下がり、取得が難しくなるはずだ」と予測して、その将来性に賭《か》ける**という考え方もあります。

そう考え、いくつか資格を取得したうえでステップアップとして難関資格に挑戦していくのは時間がかかるものの、ムダのないやり方です。

というのも、国家資格の場合、視点と難易度を変えて同じような科目が出題範囲になっていることがとても多いからです。たとえば民法は司法試験のみならず、司法書士、行政書士、宅建士、公務員試験など、多くの試験に出題されます。経済学も公認会計士のみならず、中小企業診断士、不動産鑑定士、公務員試験などで出題されます。

さらにいえば、ある資格を取得すると、別の資格を受験する場合、「免除科目」が出てくることもあります。

また、就職、転職の各企業のエントリーシートや履歴書には「資格欄」が設けられているので、「資格なし」と書いてしまうと、それだけで大きなマイナスにもなります。

確かに「役に立つ資格を取得していて即戦力として働ける」ということも大切です。しかし、人事部サイドの視点から考えると、「資格を取得した人は努力家、やる気のある人」ということで評価されることになります。まして、その資格取得が直近数カ月以内などの場合は相当の評価が行われることになります。

加えて、資格取得を目指して勉強をするということは、自分自身にとっても新しい見方や考え方に触れる大きな刺激にもなります。たとえ小さな資格でも、取得することで大きな自信を得ることが可能になるのです。

#10 合格率が高い資格のほうが、勉強効率もモチベもバク上がり

合格率20％以上の資格が狙い目

ビジネスワークの片手間で時間をつくりながら資格試験の勉強を行っていくとなると、取得できる資格はある程度、限定されることになります。

資格試験といっても、司法試験や公認会計士試験のように長期間、多大な勉強時間を要する資格から、1日講習などで取得できる資格まで多岐にわたっています。

そのなかでどのような資格を目指すのかということを考えなければなりません。

ただし、多くの人はビジネスワークの片手間で時間をつくりながら勉強することになるので、「1年勉強したけど結果は不合格」というのは避けたいところです。

そこでどんな資格を目指すかというときに検討材料としたいのが、合格率です。たとえば、合格率3、4%という資格試験の場合、合格までの道のりは非常に長くなります。よほどの覚悟がない限りは避けるべきでしょう。

しかし、合格率が10〜20%の試験、たとえば通関士や宅建士などの場合、1、2年で合格する可能性が出てきます。20〜40%となれば、1年の勉強で十分、合格を狙えます。

したがって、**まず目指す資格試験の合格率をチェックして、その合格率から逆算して勉強の計画を立てていくのがよい**でしょう。

働きながらの勉強ということを考えると、先に説明したように短期間で取得できる資格を取って、加速度をつけたうえで、「1年以内の試験勉強で合格を目指す」というロードマップが望ましいでしょう。

総勉強時間から逆算して隙間の時間も捻出

そうやって、どの資格を取得するかを決めたら、次は予想される勉強時間から逆算して計画を立てていきます。

たとえば、宅建士の場合、400時間程度の勉強が必要といわれています。1年前から準備すると、1週間に8時間くらいの勉強量となるので、1日1時間ちょっと、ということになります。次に「1日のどの時間帯にどれくらい勉強の時間を割くか」「週末でどれくらい集中学習を行うか」などを考えていきます。仕事の片手間にできない勉強量ではないはずです。

また、300時間を超える勉強量となる資格取得を目指す場合、モチベーションと取得後の活用の目論見《もくろみ》も大切になってきます。「この資格を取得したらこれをやろう」といった目標や資格に関する興味がないと、勉強を継続していくことが難しくなります。

たとえば宅建士の取得を目指すならば、不動産や土地売買にある程度以上の関心がないと勉強が続かない可能性が出てきます。

資格試験で挫折する多くの人は「全範囲の勉強をしっかりやったけど落ちた」というのではなく、「途中で興味も時間もないのであきらめた」というケースが多いのです。

逆にいえば、**興味とモチベーションがあり、タイパを意識した勉強時間の段取りが出来上がっていれば、半分以上、合格が保証されているようなもの**なのです。

#11 同じ時間でも価値は異なるから、勉強するなら朝5分・昼15分・夜30分

時間帯により時間の価値は異なる

朝の30分も夜の30分も同じ30分で違いはない――こう考えている人が多いのではないでしょうか。

「時間は誰にでも平等に与えられていて、どの時間帯であろうと時間の価値は同じだ」という考え方です。

しかし、ちょっと待ってください。実際は時間帯によって時間の価値は異なります。

第1章でお話ししたロジスティクス工学のピークとオフピークの関係を思い出してもらいたいのですが、**ピーク時には作業量が多くなることから1つのタスクにかけられる時間が少なくなります。反対にオフピークは作業量が少なくなるので1つのタスクに時間をかけることが可能になります。**

忙しさによってかけられる時間が異なってくるのです。

時間帯の特徴に配慮した平日の勉強計画（一例）

勉強時間（週）：約10時間
（分散学習250分／週、
集中学習360分／週末）

500時間／年の
勉強時間の確保

＊資格取得に必要な
勉強時間の目安（参考）

通関士：500時間
宅建士：300～400時間
介護福祉士：250時間
ファイナンシャルプランナー2級：
150～300時間

出勤直前に重要事項を暗記

通勤時間（5分）

最頻出項目の確認
ピーク対応として必要最小限の
重要事項の確認。

昼休み（15分）

一問一答などの短答問題演習
オフピークの昼食休憩を活用して
簡単な問題演習。

帰宅直後に重要事項を暗記

帰宅時間・帰宅後（30分）

参考書などを活用した深掘の理解
勤務後にまとまった時間を確保、
帰宅時間なども活用。

並行タスクなどのピーク／オフピークを考慮して
勉強内容を決定。

朝、昼、夜の3時間帯のタイパについても、同じことがいえます。

タイパを考える場合、見逃せないのは、「時間帯によって時間の価値は変わる」ということです。**朝の5分と夜の5分では価値が違う**のです。

ピーク時の時間はわずかな時間でも価値があるので大切に使わなければなりません。朝の始業に5分遅れても信用を失うのですから。

時間帯に応じて勉強内容は変える

そのことをよく考えてつくられているのが紙媒体の新聞です。

最近はネットニュースに押されていますが、紙媒体の新聞は忙しい時間帯に読むことを非常によく計算してつくられています。

まず新聞の一面を見ると、その日の重要ニュースが大きな文字、いわゆる大見出しで書かれています。朝の忙しい時間には、大見出しだけを見ればおおよその出来事はわかります。

さらに紙面は政治、経済、株、文化、スポーツ、三面記事と、重要度を前提に構成されています。朝の忙しい時間帯には見出しのみで、たとえば昼には社説や解説記事などを読めるようになっています。

このように新聞の紙媒体としての仕組みはピーク、オフピークのそれぞれの特徴を把握しつつ、いかにタイパをよくしていくかを考えるうえで、大変参考になります。


ピーク時には瞬時にわかるような形で知識を吸収する工夫をし、オフピーク時にはじっくり時間をかけて理解し、応用力を養えるような課題を処理していくのです。言い換えれば、時間帯や忙しさに合わせて、勉強も量や内容を変えていくのがいいのです。


たとえば、朝の忙しい時間帯には、5分をめどに最頻出の用語などの重要性の高い項目だけをざっと確認するようにします。

そして昼休みなど、一段落した時間に一問一答などを解いて、時間が比較的ある夜には30分くらいかけて参考書をじっくり読むなど理解を深めていきます。

これで1日トータル50分、分散学習で確保できるわけです。加えて週末などに集中学習を分散学習の3、4倍をめどに行うことにすれば、ちょっとした資格試験の対策としては十分だと思います。

#12 隙間時間の使い方を隙間時間に考えるな

勉強スケジュールのメモなど不要！

隙間時間の使い方で大切なのは「隙間の時間になってから、隙間の時間にやることを考えない」ということです。隙間の時間というだけに、それほどたくさんの時間があるわけではありません。たとえ隙間時間のスケジューリングを考えるのが5分だとしても、朝の忙しい時間帯に考えるならば時間の有効活用とはいえません。

隙間時間に限らずスケジューリングに時間をかける人はけっこう多いと思いますが、私にしてみれば、今考えなくてもよいのに……と思うことがよくあります。

スケジューリングは長期、中期、短期、直近と考え、メモなどとらなくてもいいように頭に入れておきましょう。

長期とは、数カ月以上にわたる計画で、「半年後はどうしよう」「1年後はどうしよう」という感じですが、個人の場合は大ざっぱでかまいません。「半年先には終わらせる」く

タスクをモジュール化して隙間時間に入れよう

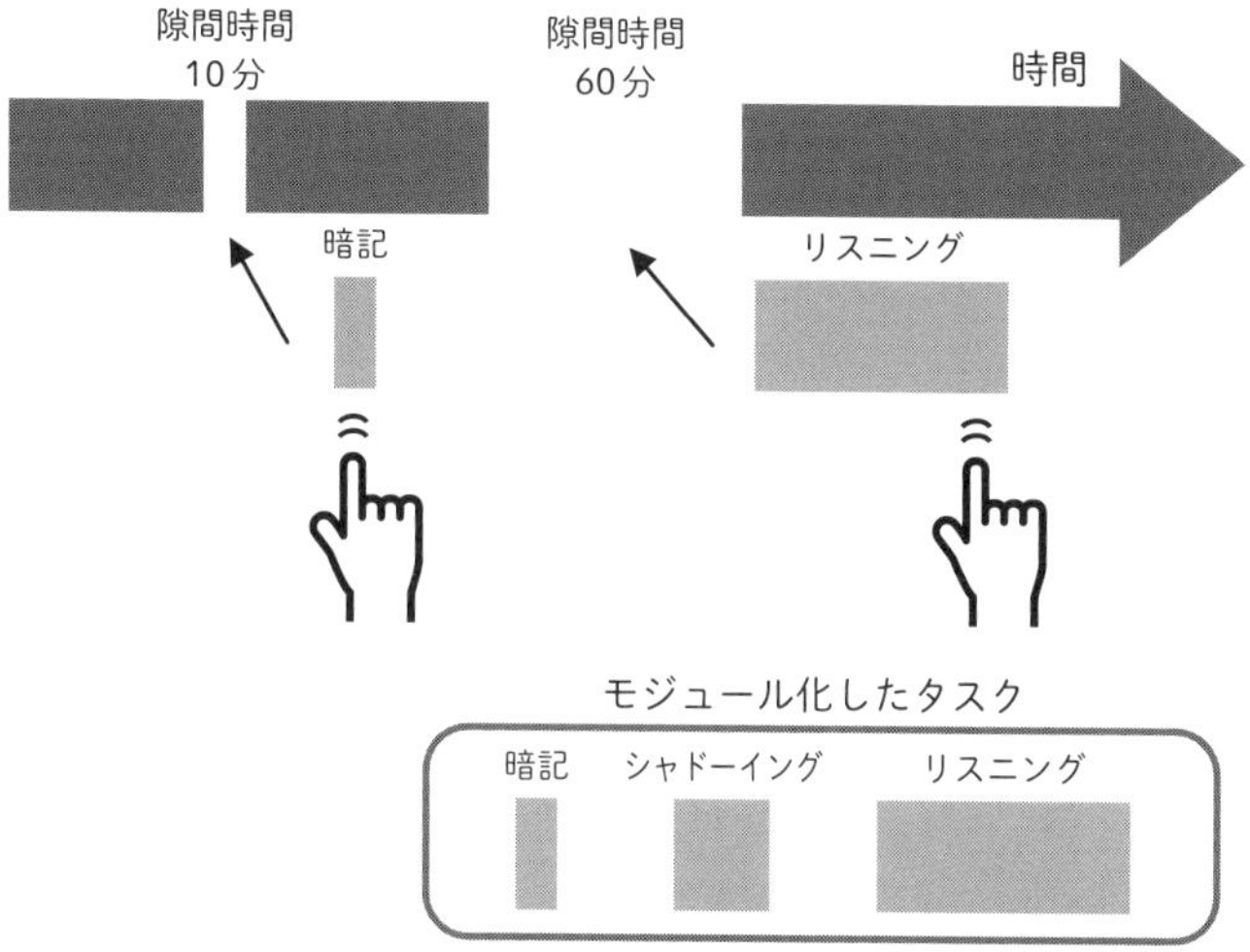

らいの感じです。

中期は2週間〜1カ月くらいのスパンで今月は何をする、来月は何をする……みたいな感じです。

短期は1週間単位、直近は今日の予定といったところです。

中長期はお風呂にでも入りながら考えたり、夕食の際にぼんやり考えたりするくらいでいいと思います。

短期は1週間を通して、何曜日に誰に会うとか、何曜日に出張に行くとか、勉強以外のスケジュールとも相談する必要があります。カレンダーに書き込みながら確認したいので、手帳やスマホを使って、夕方以降の時間のあるときに考えるとよいでしょう。さらに直近は前日夜くらいに考えます。

隙間時間のスケジューリングですが、1時間以上の空き時間については短期スケジュールを考えるときに埋めればよいと思います。

隙間の時間の勉強内容はモジュール化しておく

ただし、「ほんとに今、10分ほど時間がある」といった場合は、そこに向けた予定をつくるのではなく、モジュール化しておくことをお勧めします。

モジュールとは塊とか部品とかいう意味ですが、あらかじめ「5分の隙間のときにはこれをする」「10分の隙間のときはあれをする」という具合に隙間の埋め方をパターン化しておくのです。わざわざ考えるのではなく、隙間にパターンを当てはめるので、これから何をしようか、と思案に暮れることはありません。スケジューリングのうまい人はこのモジュールのバリエーションが豊富であるといえます。

たとえば、「朝の隙間時間は重要語句の暗記・確認のみ行う」「スマホでメールの返信を出す」「インスタグラムを更新する」の3択（3つのモジュール）で考えるようにします。そして、その場で状況を判断して、いずれかのモジュールを選択するようにします。

あらかじめ、タスクをモジュールの形で用意しておけば、その都度、予定やスケジュールをじっくり練る必要もないのです。

#13 趣味で精神的満足度を高めれば、仕事の効率が上がる

「趣味がないから時間が余る」のが現実

仕事に活かすという視点から勉強の話をしてきましたが、「勉強とは別に仕事以外の時間を趣味で充実させたい」と考えている人も多いでしょう。

しかし、「時間はたくさんあるけど趣味はない」と悩む人が少なくありません。

もっともどちらかというと「趣味がないから時間が余っている」というほうが正しいのではないでしょうか。たとえば、「寝るのが趣味」「散歩するのが趣味」という人もいます。

「趣味とは何か」というのは人によって異なるのです。趣味というと大げさですから、「気晴らし」くらいに考えてもらうとよいかもしれません。

他方、「趣味がない」という人の多くは、「趣味とは何か」というイメージが今ひとつ浮

かばないように思えます。また、趣味の必要性も感じていないのかもしれません。

ただし、**趣味はそれ自体に必要性がなくても、仕事や勉強の滞りを解消するのに役立ちます。趣味を持つことにより、仕事や勉強がはかどると言い換えてもいい**でしょう。

仕事でも勉強でも必ずピーク時とオフピーク時が存在します。

仕事でいえば、「月曜日はとにかく忙しいが、火曜日、水曜日、木曜日はほどほどに忙しく、金曜日は時間の余裕がかなりある」といった感じです。

また週末は休みとなれば、そこでゆっくり休息をとるほかに時間的な余裕ができます。そして、ピーク時とオフピーク時の行動量の格差が大きいと、精神的な満足度が低くなります。つまり、仕事のオフピーク時や週末の休日に何もやることがないと空虚感が高まるのです。そこで趣味を息抜きとして入れることで、気分転換がはかれ、感情的にもポジティブになり、脳も活性化されます。

したがって、仕事の滞りをなくすためには趣味は非常に効果的なのです。

また趣味の目的が「仕事の滞りを解消する息抜き」という意味合いならば、寝るだけでも散歩でも十分なのです。大切なのは息抜きのできる、普段とは異なる行動を趣味として認識できるかどうかなのです。

趣味を特別視してはいけない

「自分は無趣味なのでどんな趣味を持てばよいのだろうか」といった相談を受けることがよくあります。そのとき「どんなことが好きですか。たとえば食べることとか、身体を動かすこととか、何でもいいです」と質問してみます。

すると、たいていの人は「そんなことを聞かれても趣味とはいえないのだが……」といった雰囲気を顔に出して、怪訝《けげん》そうな顔になります。

「食べるのが好きなら、食べ歩きでかまいませんよ。甘いものを食べるのなら、趣味はスイーツでいいのです。ラーメンを食べるならばラーメン巡りでいいです。YouTubeばかり観ているならばYouTube観賞でもいいです」――私はこのように回答することにしています。

「高度な趣味を持ちたい」「人に自慢のできる趣味を持ちたい」と思う人は少なくありません。しかし、**仕事の滞りを解消するという趣味の機能を軸に考えれば、特別な趣味を持つ必要はない**のです。

繰り返しになりますが「時間があるけど趣味がない」というのは、本当は「趣味がないから時間が余っている」のです。そういう人はまずは手軽な何かを趣味として認識することです。そしていったん趣味として認識されると、スイーツを食べることでも寝ることでも、自分にとっては単なるルーティンとは異なる意味合いが出てくるのです。

#14 無趣味を恥じる暇があるなら、仕事や勉強を趣味にしろ

趣味が仕事になれば滞りはなくなる

仕事とプライベートはしっかり分けるべきである——こう考える人が増えているようです。

「日本人はワーカホリック（仕事中毒）で、寝ても覚めても仕事のことばかり考えているのはよくない。趣味の時間や自己啓発の時間などもしっかり持ち合わせなければならない」というわけです。

しかし、仕事と趣味の仕切り線を完全に引いてしまう必要はないと思います。というの

も、仕事の延長で資格試験の勉強をしたり、仕事の延長線上にある興味を膨らませて趣味としたりすることで、相乗効果が期待できるからです。

私は「仕事はプロフェッショナルとしてお金を稼ぐこと、趣味はアマチュアとして純粋に楽しむこと」と区別して定義しています。

たとえば、お金をもらって資料をきっちりつくって講演をすれば、それは仕事です。しかし、お金はもらわず自分の話したいことを自由に話して、資料についても自分がつくりたいようにつくれば、それは趣味になります。

この場合も仕事ならば、「ちゃんと話すことを決めないと大変だ」と思って憂鬱《ゆううつ》になったり、プレッシャーを感じたりすることもあるでしょう。

けれども、趣味であれば、「楽しく話して、みんなが喜んでくれればお酒もうまいだろう」くらいにしか考えないかもしれません。**気持ちの持ち方次第で仕事にも趣味にもなる**のです。

ただし、確実にいえるのは、仕事ならばプレッシャーになることも、趣味ならば気軽にできるということです。

仕事と趣味の嗜好が似ている人は多い

まったく同じでなくても、仕事と似ていることを趣味とする人も少なくありません。巨人軍の監督だった原辰徳氏の趣味のゴルフはプロ顔負けといいますし、将棋の羽生善治《はぶよしはる》九段は趣味のチェスでも全日本チャンピオンになっています。

ビジネスピープルの仕事と趣味の関係も同じです。仕事の延長が趣味であってもまったくかまわないし、むしろそれが本業にプラスに働くことも少なくないのです。

私は仕事柄、学生の就活指導をずっと行ってきました。そのときの経験談です。

ある物流企業のエントリーシートですが、学生が趣味欄に何と書いていいのか迷っていたことがありました。エントリーシートの趣味欄を埋めるにあたって「趣味と呼べるものがない」という学生も意外と多く、悩みのタネとなることが少なくありません。

適当に読書とか音楽とか書くと、突っ込まれる可能性があるので、やはり自分が実際に趣味としていることを正直に書く必要があります。しかし、その相談に来た学生は「趣味が思い当たらない」というのです。

どうしたものかと悩んだ末に、私は「趣味は物流でいいじゃないか」と提案しました。「え、物流ですか」といわれましたが、「実際、物流に興味があるんだからいいじゃないか」といって書くように勧めました。実はその物流会社はかなりの難関で、「それくらい書かないとアピールできないのではないか」と、私は内心思っていたのです。

結果、選考は無事に通過しました。やはり面接で「趣味は物流」と書いたことで関心を持たれたそうなのです。

同時にそのとき、私も就活指導のコツについて、それまでモヤモヤしていた部分が明らかになっていくのを感じました。

物流業界で活躍したいという学生は「趣味は物流」くらいでちょうどいい。お菓子業界で働きたいならば、趣味はスイーツでいい。IT業界で働くのならば、趣味はプログラミングやインスタで何が悪い――それが私の結論なのです。

「好きこそ物の上手なれ」といいますが、**仕事が好きになり、その延長が趣味ということは、その業界で成功するための重要な条件ともいえる**のです。

#15

1日がかりの昭和の趣味ではなく、隙間時間にサクッとできる趣味に

令和時代は趣味も仕事もヒントはスマホにある

ところで「時間がないから趣味がない」という人は、「趣味といっても、1日がかりになることが多い」と考えているようです。

実際、趣味がゴルフならば、朝早くに起きて、クルマで遠出してラウンドして、仲間と飲んで帰ってくれば1日がかりです。時間もお金もかかります。スキーやスノーボード、釣り、ヨット、何をやっても同じです。

しかし、これらの「昭和の趣味」ではなく、**令和の趣味は時間もお金もかけずに隙間の時間でできるものが増えています。**

インスタグラムやYouTubeで動画を上げたり、Xで最新情報をリポストしたりするのも令和の趣味でしょうが、これも隙間の時間で十分です。

ちなみに私もインスタで3000フォロワー程度のアカウントを持っていますが、10秒

程度の短い動画である「リール」を作成。アップするのは、夜、風呂にお湯を溜める数分の隙間時間を中心にやっています。Xのポスト、リポストも通勤途中の待ち時間や金魚の餌《えさ》やりの合間などで十分です。

「昭和のボードゲーム」だった将棋や麻雀もスマホアプリで気軽に対局できるようになりました。将棋道場や雀荘に行かずとも、隙間の時間に、しかもどこでも対局が楽しめるのです。

副業の隙間の時間もスマホで解決

本書を執筆している段階で、株価も日経平均最高値を更新し、今後の動向が注目されていますが、これもスマホで簡単に売買できるようになっています。情報もスマホで簡単に入手できるので、隙間の時間に取引を行い、それを趣味とすることも可能です。

もちろん昭和や平成の時代とは趣味の質が明らかに変わりつつありますが、**令和の時代の趣味は「隙間の時間に深入りせずにサクッとできる」ということが大きな特徴**といっていいと思うのです。

さらにいえば、専門的な趣味を始める場合、昭和や平成の時代には入門書や専門書を何冊も読んだり、そのための専門店に行ったりして、情報や関連商品を入手する必要もありました。けれども、令和の時代は、YouTubeで専門的な知識はほとんど網羅できます。

たとえば、近年ブームの爬虫類《はちゅうるい》の飼育なども、人気ユーチューバーがリクガメ、蛇、トカゲなどの飼い方を動画で詳しく解説してくれています。実際に購入の段階になっても「レプタイルズワールド」(爬虫類フェア)に行けば、珍しい個体が入手できます。

趣味に丸1日使うというのはタイパも悪いし、滞りを招くという意味でも上手な時間の使い方とはいえないでしょう。

「隙間の時間を使って、コンパクトに趣味を楽しんでいく」というのが令和のトレンドといえるのです。

#16 ビジネスチャンスを広げるために、隙間時間の趣味を楽しもう

仕事の隙間の趣味が次の仕事を生む!

隙間時間を有効活用することで、満足度を上げよう

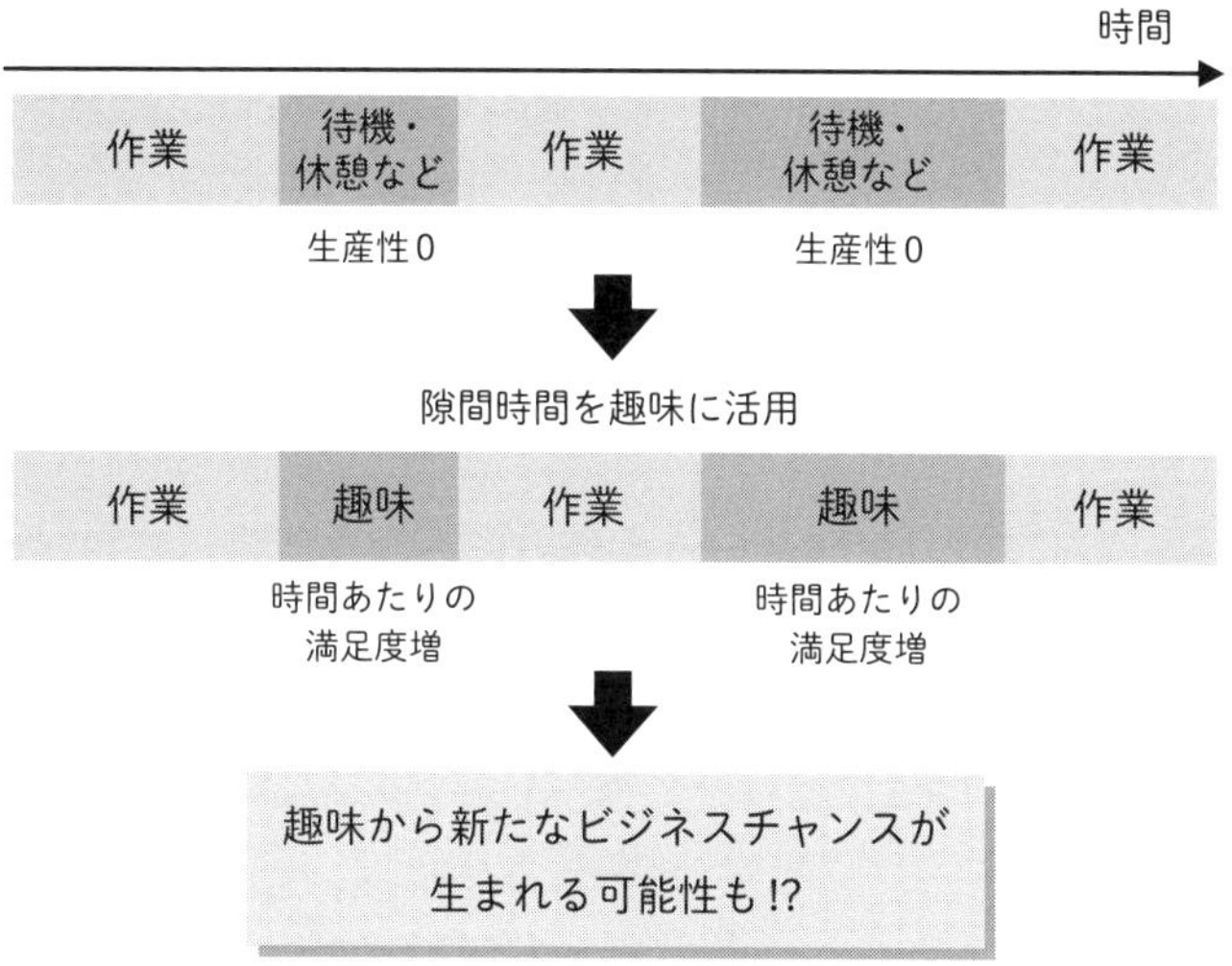

最近はトラックドライバーのユーチューバーやXのメガフォロワーなどが増えています。長い荷待ちや手待ち時間が生じることも多いし、法律でしっかり休憩を取ることも義務づけられています。そうした隙間の時間を有効利用して、画像や動画を撮る人も多いのです。**休憩時間にスマホを使えば、それで趣味を始められる**のです。

社会問題にもなっているトラックドライバーの長すぎる待機時間や十分に取らなければならない休憩時間ですが、それで発生する隙間の時間がSNSで活用されているのです。

ささやかなトラックドライバーの抵抗にも思えますが、人気ユーチューバーと

なる人も出てくるなど、趣味から新しいビジネスへと進展しています。

隙間の時間から生まれる趣味は、単なる趣味に終わらず、ビジネスのきっかけとなることも少なくありません。

宝石・アクセサリーが好きで、自分の購入したアクセサリーをインスタグラムにアップしているうちに、問い合わせやフォロワーが増えて、ネット販売に切り替えたという話もあります。

ネット通販の次の大きな潮流といわれるD2C(Direct to Consumer：消費者への直接販売方式)のなかには、隙間の時間の趣味から立ち上げたサイトやブログ、最近ではインスタグラムからのビジネスも少なくありません。予想以上に多いフォロワーからの問い合わせや反響を受けて、趣味からビジネスへとシフトしていったのです。

隙間の時間の趣味が多くのフォロワーを惹《ひ》きつけ、ビジネス展開されるようになったのです。

令和の時代の本格的なビジネスの場合、しっかりした事業計画書や資金調達の見込み、マーケットリサーチ、形式的かつ多段階の会議などを経て、事業として動き出します。堅実なやり方ともいえますが、面白味のない、飛躍のない、ビジネスモデルとなります。

それに対して、隙間の時間の趣味から始まったビジネスモデルには事業計画の枠からはみ出しそうな「遊び」の部分があります。もともと趣味から始まったことなので「夢だけあって計画はない」といった面もあります。

しかし、それが既存の常識を覆す面白さにつながっていくといえなくもありません。

隙間の時間とは、ある意味、「現実離れした時間」ともいえます。一連のタスクの流れに組み込めない小休止やバッファー（余白）が隙間の時間です。一連のタスクの流れが「現実的な時間の流れ」とすれば、隙間の時間は「現実的な時間の流れの外側」、つまり非現実な時間となるのです。

その非現実な時間の中に人は夢を詰め込むのかもしれません。だから**隙間の時間の趣味には多かれ、少なかれ、夢が入り込む**のです。個人の趣味レベルから大化けしたビジネスが魅力的なのは、それが理由なのかもしれません。

第4章

人づきあいの滞りを解消する

#1

経験ある大人なら、「アイスブレイク」はしないほうがマシ

アイスブレイクはガラパゴス的発想

営業先ではいきなり本題に入らず、まずは相手を知るという意味で、アイスブレイクを行うのがいいと、よくいわれます。アイスブレイクとは初対面の人同士が打ち解けることを目的に行われ、自己開示や雑談、あるいはちょっとしたゲームなどを提供することで場の雰囲気を和《なご》ませる効果があるというのが定説です。

実際、アイスブレイクの信奉者も多く、営業だけでなく、会議や新入社員研修などでも行われています。

しかし、アイスブレイクの概念については突っ込みどころが満載です。

まず、**アイスブレイクというのは和製英語で、欧米にはそんな概念は存在しません。**そもそも欧米と日本では雑談の定義自体が異なるのです。

日本語の雑談に当たる英単語としてはチャット（chat）があります。ただし、チャットと

いうのは、よく知っている人が目的を持たずに話す場合に使われる単語です。「緊張をほぐす」という意味合いでは使われません。友だち同士の打ち解けた感じでの「他愛もないおしゃべり」を意味するので、アイスブレイクとはかなりニュアンスが異なります。

そこで、日本語の（というか和製英語の）アイスブレイクのように会話の冒頭で緊張をほぐす場合は、スモールトーク（small talk）が使われます。

スモールトークというのは、ショッピングするときなどに店員と交わすちょっとした会話のことをいいます。基本的には、よく知らない人にちょっと話しかける場合のトークと解釈していいでしょう。

そもそも緊張をほぐす必要があるのか？

また、フランス文化圏では「カフェで話そう」といった場合は、「議論する」という意味で、英語のディスカッションに当たるdisputer（ディスピュテ）という単語を使います。商談などの導入部分に自己紹介などをすることはありますが、それは「緊張をほぐす」という意味合いではないはずです。

アイスブレイクは「緊張をほぐすためのトーク」となっていますが、大の大人が営業や商談でそんなに緊張するでしょうか。仕事で人に会うのに多少の緊張はあるかもしれませんが、わざわざそのために前振りのようなトークをして、ほぐす必要はないような気がします。

しかも問題なのは、「アイスブレイクをどうやればよいかわからない」「本論からなら話せるが、アイスブレイクが負担になっている」という人が意外と多いことです。

もっというと、日本の場合、アイスブレイクや雑談が原因のトラブルがかなり多いのです。「雑談で余計なことをいってしまった」「プライベートに踏み込んだようなことをいったら相手の機嫌を損ねた」という経験は少なからず誰にでもあるのではないでしょうか。

たとえば、取引先との商談の冒頭で、「私はゴルフが好きなんですよ」と言ったとき、「そうですか。私はゴルフはしないいんですよ（笑）」と笑顔で返されたら、多くの人は戸惑うはずです。

「失礼なことをいったかな」と考える人もいるでしょう。あるいは「気を使って笑顔を見せてくれたのかな」と相手の笑顔を気にする人もいるかもしれません。

結局、商談以外の部分が気になり、緊張はほぐれるどころか、かえって緊張することになります。

したがって、そんなリスクを抱えるならば、何も話さないほうがいいでしょう。「今日は暑いですね」くらいの挨拶《あいさつ》を交わしておけば、わざわざ相手のプライベートに踏み込んだ話をする必要もなくなります。

アイスブレイクがうまく決まるときもあるかもしれませんが、その確率は考えている以上に低いので、それならば、いきなり本題に入ったほうがよいでしょう。

だいいち、アイスブレイクなしでいきなり本題を始めても怒り出す人なんていませんよね。だとしたら、**そのことで悩むのはナンセンス**というものです。

結論として、「アイスブレイクはしなくて済むならしないほうがよい」と考えたほうが緊張もほぐれていくのです。

#2 いちいち作業を止めてしまう形式的な挨拶はムダ

効率化の視点からは「挨拶は無意味」

ビジネスシーンにおいて、挨拶はありとあらゆる場面で必要になります。これまで、挨拶は当たり前のように行われてきましたが、令和の時代は「挨拶はしたくない」という人も増えています。

確かに滞りを生むケースも少なくありません。

たとえばデスクワークをしているときに入室してきた人が「失礼します」「こんにちは」という挨拶をしてきたら、作業が止まったり、考え方がまとまらなくなったりするきっかけとなります。多くの人が入ってくる部屋で作業をしていると、その都度応《こた》えていれば、かなりの時間がムダになります。実際、私も挨拶ばかりで仕事にならなかったという経験があります。

また、仲の良くない同僚や上司とすれちがったときに、「挨拶してくれなかったらどうしようか」という不安を感じる人もいます。機嫌の悪い人ならば、ぶっきらぼうな挨拶をするでしょうが、それを気にする人も少なくありません。

ところが物流センターなどでは「大きな声で挨拶する」ということが基本になっています。これはセキュリティチェックの意味合いもあります。「不審な人物が物流センター内に入っていないか」ということを確認する意図もあるのです。

マンションのエレベーターで知らない人同士でも軽く挨拶を交わすことがあります。これも同じように声を掛け合うことで不審者の侵入をけん制する効果があるのです。

このように挨拶をある意味、戦略的に使うことはあります。けれども**令和の時代、形式的な挨拶は不要になってきている**ともいえます。

形式的な挨拶が多すぎる日本社会

オフィスはフリーデスクやフリーアドレス、出勤時間帯はフレックス、仕事はパソコン中心となると、「お先に失礼します」「お疲れ様でした」といっても、「今来たばかりなのに」ということもあるでしょう。

また、イヤホンなどを使っている場合は、声も聞こえないので挨拶の声が聞こえないこともあります。したがって、タイムマネジメントの視点から考えると、挨拶の効果はほとんど感じられないのです。

マンションのエレベーターでも声をかけると「この人はこの階に住んでいるのか」と余計な情報を与えて、ストーキングのきっかけになることもあります。声をかけて安全を確認するといっても、不審者のほうに悪用され、不審者ゆえに声がけを行い、「信用できる存在」であることをアピールしてくることもあります。

もちろん、コミュニケーションの潤滑油として挨拶は重要でしょう。でも、**過度な挨拶、不必要な挨拶はこれから淘汰《とうた》されていく**ように思えます。

私は挨拶が必要かどうか微妙なときは会釈だけにしています。

エレベーター内で知らない人から言葉をかけられたら、軽い会釈で終わりにしています。フリーデスクのオフィスに入る場合も挨拶は不要で、会釈だけで十分と理解しています。日本式の会釈が通じないような状況では手を軽く上げて笑顔を見せることにしています。

挨拶をする場合、「その挨拶が本当に必要か、挨拶しても煩わしいだけか」を考える必要性を時代が求めているのです。

あえて挨拶をしないという選択が、コミュニケーションを円滑に行うためのコツとなる時代なのです。

#3
「笑顔で好印象」の時代は終わるから、「笑顔」に振り回されるな

わざわざ対面でつくり笑いする必要はないと考える若者たち

挨拶の延長に笑顔もあります。

ちょっと驚かれるかもしれませんが、**令和の時代では笑顔は自分が見せるときも相手に見せられるときも微妙な滞りが生じることになります。**

昭和や平成の時代であれば、「笑顔を見せることで打ち解けられる」「相手に親しみを感じてもらえる」といったポジティブな効果しか感じられなかったと思います。「何はともあれ、まずはスマイル」というのが、営業でもコミュニケーションでも基本と考えられていました。

しかし、令和の時代の笑顔はちょっと意味合いが異なってきます。

まず、これだけ進んだデジタルトランスフォーメーション（DX）の世の中では、意思の疎通を行うツールは豊富にあります。コミュニケーションの手段としてのデジタルもメールだけでなく、ZOOMもあれば、LINEもあります。笑顔は「(笑)」でも表現できますし、絵文字でもかまいません。笑顔の画像や動画を使う人もいます。わざわざ対面でつくり笑い（と思われる笑顔）をする必要はないわけです。また、相手から「本心からの笑顔だろうか」と疑われる可能性もないわけです。

笑顔が安っぽくなった時代

さらにいえば、近年、笑い自体の質はオーバーになってきています。

米国カリフォルニア大学バークレー校の研究者が、全米26州800冊の卒業アルバムから画像3万7000枚を分析したところ、年代が進むにつれて笑顔が大きくなっていることがわかりました。

日本でもお笑い芸人がテレビに出ない日はないという状況です。笑いや笑顔が次第に大きくなってきていると考えて不思議はないでしょう。

そのため、ちょっとした笑顔では理解してもらえないことも増えているように思えます。「あの人の表情は笑顔だったのかな」「もっとはっきり歯を見せて、笑っていることをアピールしなければ、相手に伝わらないのではないかな」などと考える傾向にあるのです。

自分は十分な笑顔を見せているつもりでも笑いがオーバーになっている今の時代では「笑っていない」ととらえられるリスクはかなりあります。テレビやYouTubeで大きな笑いを見慣れていれば、相手がほんのちょっと笑ったくらいでは満足できないこともあります。

そうなると**笑顔の存在自体が滞りを生むストレスになります**。笑顔を見せたつもりでも相手は「笑っていなかった」と判断するかもしれません。その逆も考えられます。

さらにコロナ禍で笑顔を見せられないとなると、何が笑顔なのかもわからなくなってきます。

もっといえば、今後、ＡＩにより笑顔も画像解析され、「つくり笑い」「本心を隠す笑顔」などが分析されていくことにもなるでしょう。**単に人当たりのよい笑顔で対人関係がよくなるという時代は終わりつつある**のです。

「笑顔を見せれば好印象だ」というバイアスは捨てるべきでしょう。また、人の表情を気にするあまり、「あまり笑顔でなかったから自分は嫌われているんだ」と、相手の表情を気にしすぎるのも、もうやめたほうがいいのです。

#4 他人から受けた相談は、自分の滞り解消のために利用しよう

相談に乗ることで自分の滞りも解消する

職業柄、相談を持ち込まれることが少なくありません。相談といっても2種類あります。

1つは単に話を聞いていればいい相談です。心理学でいうところの傾聴、共感、受容といった類いのものです。悩みを聞くことで気持ちを整理してもらいます。いわゆる心のケアの問題です。

しかし、相談には相手の話だけを聞けばいいというわけにはいかないこともあります。具体的にこちらが動かないと解決しないような相談です。こちらが2つめの相談です。

たとえば、就職先の紹介とかは、できるときとできないときがあります。また、手間暇を考えれば断る人がほとんどかもしれません。

けれども、こうした**お願いや相談は可能な限り、力になってあげると、いろいろな意味で自分にとってもプラスになります。**

「情けは人のためならず」とはけだし名言で、悩みごとの解決というのは、滞りを解消することにもなるからです。

私は「かなり面倒だな」という案件でも、**いったん相談を受けたら、可能な限り解決の手伝いをすることにしています。**それが結局は自分の滞りを解消することになると信じているからです。

相談に来る人は自分の鏡

面白いのは、だいたい相談に来る人の悩みは相談される人の悩みにどことなく似ているということです。

友だちは自分の鏡といいますが、たとえば、会社の同僚を見ると、善《よ》きにつけ悪《あ》しきにつけ自分と似ている点が多いことに気づかされます。

自社の社員に不満を抱く社長に次のようにいったことがあります。

「その社員たちは社長とどことなく似ていると私は思います。不思議なことに経営者は、なんとなく自分に似ているような雰囲気や性格の人を採用するものなのです。だから社員は自分の分身だと思って大切にしなければならないし、嫌いだといって辞めさせたりしてはいけません。もちろん、社員の悩みはある意味、ご自分の悩みにもつながると思います」と。

社長だけでなく、部長も課長も同じです。不思議なことに同じ会社、同じ部署には自分と似た人たちが集まります。部下も上司も同僚も、そして友だちや家族も「自分を映す鏡」のようなものなのです。


それゆえ、身近な人から相談を受けたとき、「自分も同じ悩みを抱えていて解決策を知りたかった」ということに気づくことがしばしばあります。相談相手の「困った」を解決することが、自分の滞りを解消することにもつながるのです。

だから、悩み相談を受けたら、他人事《ひとごと》みたいに「聞くだけ」「同調するだけ」というのではなく、共感してあげれば相手は満足するかもしれません。解決策を考えるというのは余計なお世話なのかもしれません。

「相談者は解決してもらいたいのではなく、ただ話を聞いてもらいたいだけなのだ」という人もいます。しかし、**相談を受けるというのは、ある意味、自分の滞りもなくしていく大きなチャンスでもあるのです。ただ話を聞いているだけでは、もったいない**のです。

「できる」「できない」は別にして、可能な限り、相談相手のために具体的に動くということが、回り回って自分の成長にもつながっていくのです。

#5 どうせ解決策は出ないので、大きな悩みを他人に相談するな

多くの悩みごとは自力で解決できる

「悩み事があれば誰かに相談するとすっきりするよ」と言われることが多いと思います。悩みを1人で抱えていても解決策が見えないからでしょう。

しかし、誰かに相談したら悩みはなくなるものなのかというと、大きな悩みを相談して、それですっきりと解決策が見つかるということはあまりありません。

小さな悩みについては相談すれば、なんとなく解決の方向性が見えてくることがあります。でも、それは悩みというよりもありきたりな相談です。今日の夜何を食べたらよいかとか、旅行ならどこがよいかといった、自分で考えてもベストではないにせよ、セカンドベストくらいには行き着ける相談です。

けれども、本当に困ったことについては、相談しても正解はないとか、相談したがゆえ

に誤った選択をしてしまった……ということも少なくありません。

つまり、**人生の岐路に差し掛かったときの悩みは、自分で解決しなければならないという至極当たり前のこと**がわかります。

たとえば、転職する場合、内定をもらった会社に本当に行くかどうかを迷う人がいます。しかしその選択に正解はありません。仮に誰かの判断に従っても、後日、思った通りの成果が得られなければ「やっぱりやめとけばよかった」という後悔だけが残るでしょう。

実は私も今の大学に移動するときは相当悩みました。新しい職場や勤務地に馴染《なじ》めるかどうか、それまでの環境に大きな不満があったわけでもないのに移ってよいかどうかなど、自分だけでは判断が難しいような気がしました。人に聞いて解決する話ではありません。また、移籍が具体化するまでは、中途半端に人に話せることでもありませんでした。

結局、自力で決断することになりました。移動してよかったと思えるようになりましたが、人の意見を聞いて、もし変わらないことを選択していたら後悔したかもしれません。

30代以降の悩みは、複雑で相談してもマイナス

学生や20代くらいまでは人生の選択肢というのはわりと単純化して考えられます。「大

学ならここに行こう」「就職するならこんな企業」「資格ならこんな資格が便利」など、ざっくりとしたものです。

もちろん深刻なケースもあるでしょうが、それは若さゆえに世間を知らない悩みです。ある意味、誰もが一度は通った道で、経験者に聞けば解決するレベルの悩みが少なくありません。

ところが、社会人生活が長くなると、悩みも専門的になります。特殊な仕事に就いていなくても選択肢は複雑になります。第三者には判断できない内容も増えます。

たとえば、私の場合、「物流の授業を学生の目線からわかりやすく講義するには、どうしたらいいか」といった悩みについて、部分的にアドバイスをもらうことはあります。でも、結局は自分の責任で解決策を見いだすしか方策はないのです。

あるいは、一例として「半導体関連の仕事をしているのだが、九州にある企業に移籍したいが仕事にやりがいはあるのだろうか」といわれても、私には助言どころかイメージもわいてきません。おそらく半導体業界に詳しい九州の人に聞かなければ、ソリューションは得られないでしょう。しかし、そうした適任者が身近にいる可能性は極めて低いと思います。

こうした**専門的に難しい悩み、判断を迫られるような状況に追い込まれたときに、アド**

バイスに頼る習慣がつくのは、結局は自分にとってプラスにならないと思います。

若い頃から、難局での悩みによる滞りは、自分で解決する習慣も身につけておきたいところです。

もっとも儲け話の類いなどは、誰にも相談しないでその話に乗ると、詐欺に引っかかることもあります。その場合、購入するとかしないとかの相談ではなく、その話が本当かどうかを客観的な目で見てもらうという意味で相談するのはプラスかもしれません。

もっといえば、あまりにも話がうまい儲け話や唐突な資金援助の依頼など、お金がからんでくるようならば、相談するまでもなく、断るべきでしょう。

#6

頼まれごとは負荷が大きいので、必ず相応の見返りを求めろ

人の頼みを聞き入れる負荷は大きい

人から何か頼まれるということは、人間関係の基本といっていいでしょう。人間1人では生きてはいけません。人に頼ったり頼られたりするのは自然なことです。

プロ野球で三度の三冠王に輝いた落合博満氏は「一流には自分でなれるが、超一流には協力者が必要」といっています。自分1人の力だけでは大きな成功は望めないのです。滞りを完全になくすためには協力者が不可欠というわけです。

したがって、何をするにしても、うまく頼める人というのは、それだけアドバンテージが大きいといえましょう。

しかし、実のところ、人からの協力というのはなかなか得られないところがあります。大学での研究にしても、関連企業と協力したり、準備や整理を頼んだりすることが少なくありません。けれども、そうした分担や責任を無償で引き受けてくれる人は多くはありません。

「困ったら頼んだらいい」と気軽にいう人もいますが、実際、それで引き受けてくれることはなかなかないのです。

でも、だからといって、頼みごとが引き受けられないことを嘆いてはいけません。

「他人のために何かをする」というのは、頼まれる側からすれば、ものすごい負荷が発生すると考えるべきでしょう。頼まれごとにより滞りが発生することになるため、簡単には応じられないのです。

それゆえ、**私は頼みごとをする場合、何らかの形で自分も相手の役に立つようにしたいと考えています。**その見返りは必ずしも金銭的なものではなく、私のほうで引き受けることができる範囲での何らかの協力ということにもなります。

アドバイスは必ず受け入れてもらう

同時に私が頼まれごとを引き受ける場合にも、見返りを求めることにしています。見返りはお金に限りません。「それならば、こちらにもこんな悩みがあるので協力していただけますか」といった形で打診します。

頼まれごととその見返りのバランスが取れないこともありますが、何の見返りもなく、頼まれごとを引き受けることはしないほうがよいでしょう。

頼まれごとの効果は、一流を超一流に進化させるほどに強力なので、それ相応の見返りがあって当然なのです。

さらにある程度、専門的、あるいは特殊なアドバイスを求められたとき、私は必ず1つ条件をつけることにしています。

「アドバイスするのはかまいません。本当は有料のこともありますが、今回は無料でけっこうです。ただし、お願いとしては、私のアドバイスを聞いたら、必ずそれを実行していただきたいのです」と。

こちらも専門的なアドバイスは気軽な気持ちでするわけではありません。**「アドバイスは聞いたけど、それは参考までのことで、その通りにはしませんでした。でも、お手間をとらせました。ありがとうございました」とならないようにしてもらいたいのです。とくに対価を要求しないような場合は必須の条件**としています。

その心は、「親身になって、アドバイスをしていることを相手に理解してもらう」ことにあります。信頼関係とはそうすることで出来上がると思っているのです。

一方、私がアドバイスを求めたときには、「そうだろうか」と思うことでも、求めた以上、まずはそのアドバイスをベースに行動するようにしています。またそのアドバイスが最終的に正解でなくても、それは自分の選択・判断として悔やまないことにしています。頼みごとや相談をする時点でその人に任せるということがベストだと判断したわけですから。

頼みごとやアドバイスが大きな成果につながることは少なくありません。しかし同時に相手にも自分にも大きな滞りが発生するということを理解しておく必要があり、それが相手との信頼関係を強めることにもつながっていくのです。

#7 好きな人ばかりより、嫌いな人がいたほうが成長できる

好きな人だけでは人は成長しない

ところで、どんな職場にも嫌いな人やフィーリングが合わない人はいるものです。転職の理由でもっとも多いのは「職場の人間関係の悪化」ともいわれています。

けれども、どんな職場にも不思議なほど、嫌いな人がいるのは否めません。それを避けて「嫌いな人が1人もいない理想の職場」を求めることにはかなりのムリがあります。その実現のための滞りも非常に大きくなります。仲の良い友だちだけでやっているサークルでは自分もそのぬるま湯に浸り、大きな成長は見込めないかもしれません。

もちろん、嫌いな人はいないほうがいいでしょう。ハラスメントがひどいという場合は対策を講じる必要があるでしょう。

しかし、「そういう人はどんな職場にもいるものだ」と割り切る必要があるのです。

むしろ、**嫌いな人がいるというのは、「職場関係がまずまず。うまくいっている証拠」**

とらえるべきなのです。職場の多様性を考えた場合、「好きな人もいるし、嫌いな人もいる」というのは自然なことで、職場の人間関係で軽いストレスを感じることは悪いことではないのです。

嫌いな人とは自分に似ている人

というのも、嫌いな人というのは、ある意味、自分の鏡でもあるからです。表面的な性格が真逆ということもあるでしょうが、本質的部分での共通点も多いはずです。

たとえば、よくあるのが、「Eさんは嫌いだけど、その友だちのFさん、Gさんとは仲が良い」というケースです。嫌いなEさんと、共通の友だちがいるということは何らかの性格的共通点がある可能性が高いのです。

それゆえ、いったん何かのきっかけで打ち解けると、嫌いだった人と、ものすごく仲が良くなることがあります。わずかなほんのちょっとした部分がお互い気に入らないだけというケースが多いのです。最初に出会った時点でのボタンの掛け違いが、嫌いという気持ちを大きくさせているのでしょう。

そういうこともあり、嫌いな人との人間関係は、ある程度、時間が経過すると解消することが少なくありません。ある程度が数カ月なのか数年なのかはわかりませんが、嫌い嫌われるピークとなる時期が存在し、そのピークが過ぎると、嫌いである程度が小さくなっていくわけです。

「あの人だけはどうしても嫌だ」というのではなく、「嫌いだけど、よいところもあるし、もっと嫌な人もいるから、どちらかといえばマシなほうだ」と思えるようになります。

したがって、「この人から嫌われているな。どうしよう」とは思わず、まずはその状況を受け入れて、嫌われていることを気にしないでおくことです。そうすれば、滞りはいずれ解消されることになります。

逆に「嫌われているからなんとか挽回《ばんかい》しなきゃ」とか「嫌われている。困った。こちらも敬遠するようにしよう」というのは好ましくありません。

嫌われている人がいるということは「自分の居場所がその組織にある」「その延長線上に自分を好いてくれる人もいる」と理解するべきなのです。

#8 組織に馴染む努力をするくらいなら、単独行動して何が悪い

イチローはなぜ監督に縁がない？

日本社会では何らかの組織に所属し、組織の中では何らかのグループに入ることが求められます。「あの人には友だちがいない」というのはネガティブな意味でしか使われません。もちろん、グループに入ることで自分の長所を伸ばしたり、気持ちが明るくなったりすることも多いでしょう。人間は集団で生きる生き物なので、グループという居場所を確保することも重要です。

けれども、**グループに合わせることや馴染むことに多大な負荷がかかることもあります。**グループが大きな負荷となるのは日本社会に集団行動が多いからでしょう。一人ひとりの個性よりも集団をうまく泳ぐ能力が評価されるからです。

野生動物の中には、集団で暮らすタイプの動物と単独行動が原則となる動物の2パターンがあります。そして人間関係においても、集団行動か単独行動か、得意分野が分かれるようです。

たとえば、スポーツ界の名選手の引退後のステータスは監督などの指導者になることでしょう。

しかし、野球のイチローにしても、サッカーの三浦知良《かずよし》にしても、監督とは縁のない存在です。逆に選手時代には無名であっても、名監督となった人は何人もいます。個人として卓越した技術を持っていても、人をまとめ、指導するのは別の能力ということなのでしょう。

反対に個人技では活躍できなくても、集団のマネジメントとなると異才を発揮することは珍しくないのです。

組織をまとめる人が高評価された時代は終わり

これと同じことが、会社組織などのグループにおいてもいえます。組織として成果を上げられるタイプの人は「営業部全体の成績を上げた」「部署の士気を高めた」といったことに力を発揮します。プライベートなグループでも「昼食の予約をして、みんなを案内した」「飲み会でその人がいないと始まらない」といった形で大活躍することになります。

そして昭和、平成の日本では、そうした集団をまとめるスキルがある意味、過度に評価されていました。「組織をしっかりまとめなければ出世もできない」というわけです。しかし、令和の時代がこれまでと同じ価値観に支配され続けていくかどうかはわかりません。

なにより時代は「個」を重視する時代です。Z世代はナンバーワンではなくオンリーワンの素晴らしさを子どものときから叩《たた》き込まれています。「個性的で何が悪い」「人と別行動しても突出した成果を出せばいい」と考える時代になってきています。

営業部全体の底上げに尽力すること以上に、皆のお手本以上のレベルで営業成績を上げる社員が全体のレベルの底上げにも貢献するのです。個人としての副業やSNSでの活躍が会社に貢献する可能性もあります。

これまではグループに馴染むことに大きなストレス、滞りを感じ、しかもそれに罪悪感までも抱いていた人が、自由に解き放たれることで、個人としての可能性も大きく広がっていくのです。上司としても同僚としても、経営者としても、こうした個人の可能性を尊重する時代となったのです。

「グループに属していなければ連絡が回ってこない」というのも個別に連絡がとれるLINEなどが発達した令和の時代にはあり得ない話になりました。

どうしてもグループに馴染まなければならないという考え方はこの際、捨て去ってしまいませんか。

#9

全員と仲良くするのは非効率、話し相手は1人いれば十分

グループ全員と仲良くしようとすると滞りが発生する

数人の仲良しグループでいつも行動しているが、全員とよく話すわけではない——こういうことで悩む人がいます。グループが出来上がり、しばらくしてから追加で新しい人が加わってきた場合などにありがちなことです。

実際、グループがさらに細分化されることは少なくありません。まとまりのあるグループはせいぜい数人まででしょうが、それでもみんなが話し相手というわけではないこともあります。

こうした場合、「グループ全員と均等に話すようにする」必要はありません。数人以上のグループならば、その中で自分に近い人、そうでない人が存在することは当たり前のことなのです。むしろ**グループ内での話し相手は1人いれば十分と考えるべき**です。

グループで浮いてしまう人の特徴をあげると、まず自分の自慢話が多くなるような人です。みんなの話は聞かず、自分の話だけをいつもするような人です。おそらくそのタイプの人は、「なんとしてもみんなと仲良くしよう。みんなに認めてもらおう」と考えているのでしょう。

しかし、グループ全員に向けての話は基本的に最大公約数的な話になります。誰もがわかる内容に落とし込まなければならないからです。そのためグループの誰かがその話の細部をわからない状況では、話は繰り返され、単純化されます。

結果、「Hさんの話はいつも同じだね」「もう何度も聞いた自慢話だよ」といった感想をみんなが持つことになります。

しかし、それならばみんなに均等に話をせずにグループの中でもっとも興味を持っている人、1人に絞って話してみたらどうでしょうか。おそらく、それならば自慢話の色合いも薄らぐことになるはずです。

一度に全員と打ち解けようとするな

反対に「グループの会話に入り込めない」ことを悩む人もいます。これも、会話の前提

グループ全体ではなく、個人からアプローチしよう

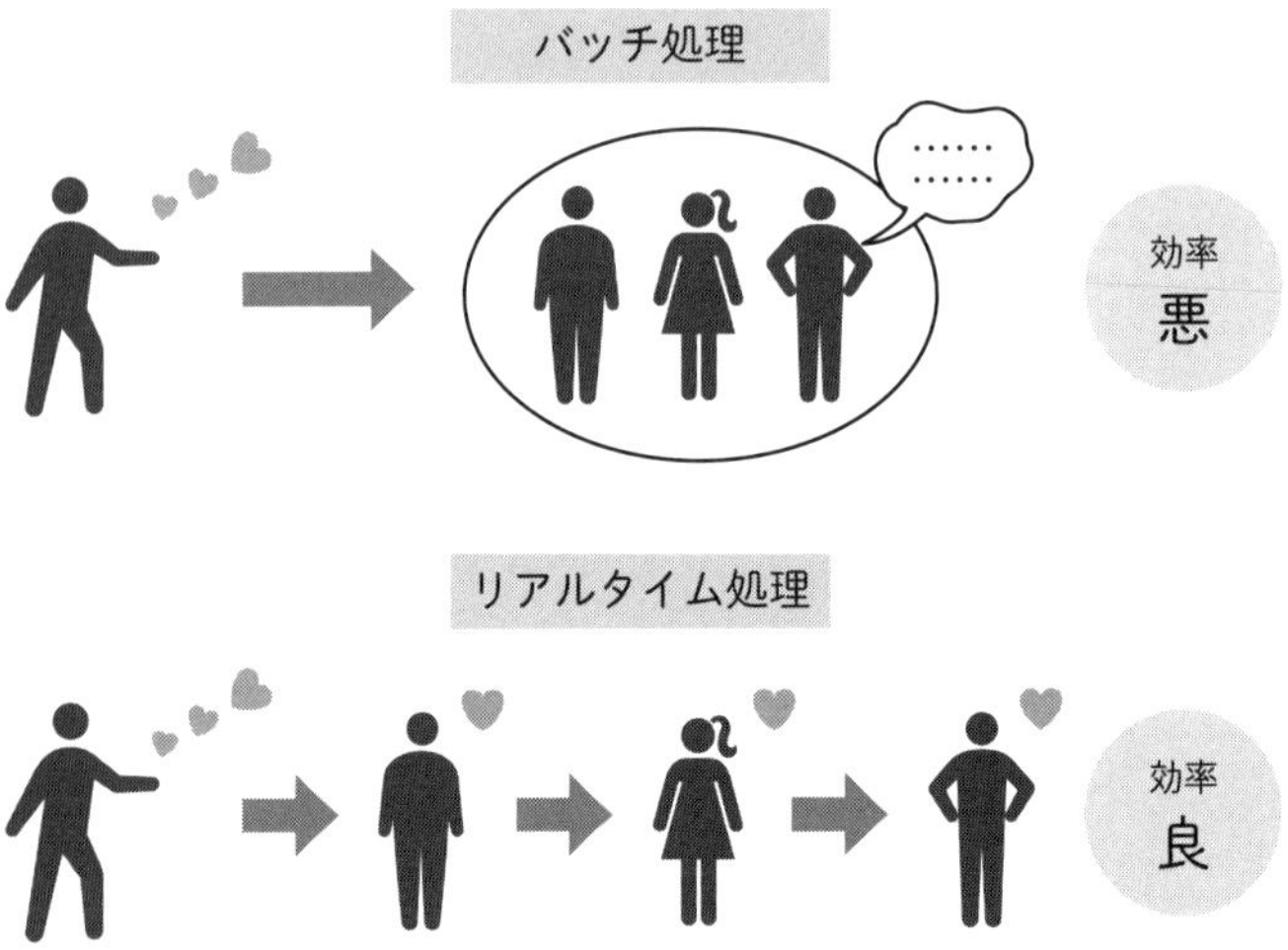

が、グループ全体の理解ばかりということが原因になります。1対1ならば、会話に入り込めないということは絶対にありません。

グループで浮いてしまうことで悩む人は「グループなんだから均等に全員と話さなければならないし、話題も共通でなければならない」という固定観念からの現状維持バイアスの影響を強く受けているのです。

グループ全体を相手にしようというのは物流理論でいうならば、バッチ処理（まとめ処理）で解決しようという考え方に相当します。バッチ処理というのは、いくつか工程がある

ときに工程ごとにまとめて処理してしまうことです。一見、効率がよさそうに思えるのですが、実は非効率になることがあります。

しかし意外にも**効率的なのはそれぞれの工程を順番に1つずつ処理していくリアルタイム処理（都度処理）なのです。**

リアルタイム処理とは、物流では「1個流し」といわれることもありますが、1つずつ処理していくことで滞りを最小限に抑えるやり方です。

この場合、「みんなと一度に話して同時に理解してもらおう」というのがバッチ処理的な発想です。それに対して1人ずつ順番に理解してもらおうとするのがリアルタイム処理になります。

「グループに溶け込めない」という滞りを解消するためには、まずはグループ内で、一番気の合いそうな人との1対1の信頼関係が大切になるのです。グループとはいえ、いきなり全員と仲良くなる必要などないのです。

#10 お土産ごときで煩わしさが生じるなら、あげるのも受け取るのもやめろ

潤滑油どころか滞りの発生の原因

出張などに出かけたら、お土産は買ったほうがいいのか……という質問もよく受けます。「会社のお金で出かけて職場の人たちに迷惑をかけたし、報告がてら何かを買って帰りたい」ということなのでしょう。

確かにお土産を買って帰るというのは人間関係を考えた場合、潤滑油になることもあります。お土産をもらうことで親近感が出てきたり、仲良くなったりすることもあるでしょう。しかし、コンプライアンスにうるさい昨今、お土産はむしろトラブルのもとにもなります。「欲しくないのにもらった」「仕事で出張に行くのに私費でお土産を買うのはおかしい」などと批判されるリスクもあります。

つまり**令和の時代はお土産が滞りの原因となる可能性が高い**のです。実際、職場へのお土産は禁止にする会社も増えています。

また「みんながお土産を買ってくるから、自分もお返しに買っている」という人が相当数に上ることがわかっています。お土産にかける費用も1000〜5000円くらいと、けっこうな金額になります。何を買えばよいかということにも気を使わなければなりません。

しかも、「お土産が小分けになってなくて気が利かない」とか「安物をもらってもうれしくない」など、よかれと思ってお土産を買ったがゆえに、摩擦や滞りが発生することも少なくありません。

そういうこともあって、私は基本的にお土産は不要だと考えています。

職場へも、親しい人にも、家族にも、お土産は買いません。物流のヒヤリングなどでお世話になる関連企業などに挨拶に伺う場合は持っていくことはありますが、それは仕事の一環であり、虚礼とはいえないという認識です。

お土産について大切なことは、「あげない前にもらわない」ことです。小分けのお菓子なども誰のためというわけではなく、配られることがありますが、食べないことにしています。

小分けの菓子も滞りのもとに……

たとえ食べても、誰が食べたか食べなかったかなんてわからないし、気持ちなんだから、気にしなくてよいのでは——このように考える人もいるかもしれません。

しかし、誰も見てなくてもそこで食べてしまうと、自分の気持ちに負い目が生じて、「対人関係を考えたら、自分もお土産を買うほうがいいな」と思ってしまうのです。

私の場合、小分けのお菓子がデスクの上に置かれていたら、誰も見てなくても食べないし、配られているところに出くわしたら、「せっかくですが虚礼になりますから」と断ることにしています。

そのうえで私自身も一切、お土産は渡さないことにしています。もしお世話になった人に何か渡したいと思ったら、それはお土産ではなく、別にお礼として渡すことにしています。

実際、お土産が負担になっている人は少なくありません。これは「渡さないと嫌われるのではないか」「渡さないことで気まずくなるのではないか」といった思惑から買ってきてしまうのでしょう。

しかし、渡すときには渡すときで、「どうやって渡したらよいかを考えるとストレスになる」人もいます。「喜んでくれたかが気になる」人もいます。

時間とお金をかけて購入して、相手を気にしながら渡すのでは、心理的、金銭的な負担が増すだけです。

「お土産は虚礼だし、渡さなくても、必要ならば別の機会にお礼をすればよい」と考えるだけで、気持ちはかなり軽くなるはずです。

また、お土産は渡さなくても人間関係が気まずくなったり、それが原因で関係がこじれたりすることは基本的にありません。

仮に1000円のお土産を渡しても、買うほうの財布事情はちょっと厳しくなりますが、もらうほうにとっては、「たかが1000円」なのです。それをもらえなかったからといって、恨まれるということは、昭和の時代にはあったかもしれませんが、モノ余りの令和の時代では考えられないと思ったほうがいいでしょう。

思い切って、「お土産をもらわない、あげない」を徹底することで、あなたの心の（そして財布の）滞りは大きく軽減されるはずです。

#11 時間と体力を犠牲にするなら、歓迎会、忘年会は断れ

歓迎会は「歓迎されているわけではない」

「お土産はもらわない、あげない」として、歓迎会や忘年会はどうでしょうか。

最近は、歓迎会を開催しても、主役となる新人や異動してきた人が「すみませんが、歓迎会は欠席させてもらいます」と対面ではなく、メールやLINEでいってくる世の中です。はたして、そこまでして歓迎会をやる意味があるのか、疑問です。

他方、忘年会のほうは、コロナ禍が収束したということで、需要もあるし、参加者も多いようです。しかし、忘年会といっても何でもかんでも参加するというのではなく、必要に応じて参加して、「つまらなそう」とか「メリットが感じられない」となれば休んでしまうのが令和の傾向です。

こうした傾向が出てきているとはいえ、あなた自身の問題としてはどうしたらよいのでしょうか。

順番に考えてみたいと思います。

まず歓迎会ですが、主役として出席しなければならないようで気乗りがしなければ、その時点で断ってしまうのがいいでしょう。

社内の所属部署の歓迎会などは本当に必要があって行われるというよりも、「一緒にお酒を飲みたい」「会食しながらみんなで談話したい」というのが本音で、歓迎会はその建前となっているケースが少なくありません。**歓迎会といっても「別に歓迎されていない」ことも少なくない**のです。

ただし、建前とはいえ、主役なので当日のドタキャン、あるいは数日前のキャンセルはまずいでしょう。理想としては、歓迎会の話が出た段階で、**「申し訳ありませんが、歓迎会はこの部署でやることをやってからにしてほしいです」**といって、断りましょう。**「かなり先への延期」という形にしておくと角が立たない**です。もちろん、飲み会が好きで参加したいというのならば、話は別ですが。

自分が主役でもなく、その他大勢の場合は、遠慮なく断ってかまわないと思います。ただし、主催者サイドの人たちの目的は歓迎会を建前として、「お酒を飲みながら親ぼくを深める」ことなので、参加者があまりに少ないと断るのに気が引けることもあるでしょう。

その場合の断り方のコツとしては、可能な限り早く都合が悪い旨を主催者サイドに伝えることです。ぎりぎりになってからだと、断ることに大きな滞りが発生します。まだ滞りの小さい初期段階でサクッと断るようにするのです。

忘年会は仮病を使わずはっきり断る!

忘年会の場合も同じです。断るならばなるべく早いほうがいいでしょう。直前まで断れない人の多くは「理由がないから断れない」と思っています。そして困りに困って最後に「風邪を引いた」「具合が悪い」などの仮病を直前に振ります。でも、それだと欠席することに仮病まで加わり、印象は最悪になります。

早めに断るのに理由は不要です。「その日は都合が悪いんです」とだけいえばいいのです。「お酒は苦手なんで」といっても大丈夫でしょう。

なお、どうしても参加したくないときに、スプレッドシートなどでいくつか候補日を上げられることもあります。その場合も遠慮なく×をすべてにつけて大丈夫です。**最初に×をつける人がいたほうが、あとの人は「欠席者もいるんだ」と思えると安心できるので、あなたのことを悪く思う人は意外にもそれほどいません。**

ただし、歓迎会や忘年会は適度の参加ならば、一緒に働く人たちの考え方を理解できる場にもなるので、プラスに働くことも少なくありません。

したがって、「それでも休む」という場合は、その時間を有効に活用すべきでしょう。その理由を職場の人に伝えるかどうかは別として、「資格試験の勉強をする」とか「ワークライフバランスの視点から、どうしてもやりたい趣味や取り組みがある」のが望ましいのです。

自分にとっては時間の浪費に思えるならば歓迎会も忘年会も断るのはかまいません。その代わり、タイパのよいアクティビティを準備しておく必要があるのです。

#12 みんなとの食事はストレスの元凶 ぼっち飯でコミュ力アップ！

「みんなで食べるから楽しい」はウソ

「グループに属していないと昼休みに一緒に食事をする人がいない」

こうした不安・悩みも、グループに属してそれに馴染むことに腐心する人にありがちです。しかし、そもそも昼食はグループで食べる必要があるのでしょうか。グループで食事をすれば、どうしても話しながらということになります。

よくある現状維持バイアスとして、「みんなで食べるから楽しい」というものがありますが本当にそうでしょうか。

食事中に何を話そうか考え、相手の話をしっかり聞こうとすれば、当然、ストレスも生じてきます。

個人差はあるでしょうが、話しながら食べるのが好きではないという人、毎回話しながら食べるのは避けたいという人はかなりの数に達すると思います。

そもそも和食などでは「食事中には話さない」という考え方でした。話しながら食事をすれば、急《せ》かされて食べる速度が速くなったり、過食になったりするリスクも出てきます。口に運ぶ量も多めになるだろうし、「よく噛《か》んで食べる」というのも疎《おろそ》かになりがちです。

当然ながら消化不良の原因にもなります。

また食べることに集中できないことから満足度も低下する可能性も出てきます。

したがって、昼食はいつもグループで話しながら食べるというのは、必ずしも健康的ではなく、プラス材料ばかりというわけではないのです。

グループで会食することも楽しみの1つにはなります。しかし、それが習慣化されれば、知らずにストレスにつながることにもなります。滞りをなくすためにも、ひとりランチを楽しむというのは理にかなった行動なのです。

さらにいえば、**ひとりランチを楽しむことでコミュ力もアップします。**ひとりランチの成果を友人知人に話すのもいいですし、インスタグラムなどを使って発信していくこともできます。そう、話題づくりの一環に活用できるのです。

たとえば、ラーメンの食べ歩きなどのB級グルメは1人で店を調べて店を回るほうが、気兼ねしなくてすみます。自分のペースと好奇心で自在に店を選べるのです。画像や動画をアップすれば交友関係も広がるはずです。それだけでランチの楽しみが倍増することにもなるでしょう。

1人の楽しみを考え、それを広げていくことで会話のレパートリーも交友関係も広がっていく……。逆説的ですが、1人ランチでコミュ力もアップしていくのです。

#13 趣味の滞り解消のため、年齢・時代に合わせてアップグレードしろ

コミュ力を高めるために趣味もアップグレードする

忘年会などを休んでまでやりたいことがあるとしたら、それはやはり趣味でしょう。学生時代から続けている趣味がある人もいると思いますが、同じ趣味をいつまでもやっていると、視野が狭くなります。**いつまでも同じ趣味というのは化石化を引き起こす可能性があるので、趣味についてもアップグレードしておく必要がある**のです。

昭和や平成の時代から継続してきたような趣味は、その趣味自体、社会性が大きく変わっていることもあります。また昭和や平成の常識が令和には非常識となっていることもあります。とはいえ、「若者に人気のある趣味だから」といって、流行している趣味を40代、50代になって始めるというのもいかがなものでしょうか。

たとえば、昭和に流行《はや》ったスキーは、近年はスノボにとって代わられました。しかし、だからといって、「これまでスキーをやっていたから、その流れでスノボを始めたい」と

いうのは、いささか体力的にも厳しいように思えます。

20代からやっていたスキーを50代になったからやめる必要もないでしょうが、中高年になったことを意識して、新しい趣味を始めることが気分をリフレッシュさせて滞りをなくすという意味からも望ましいと思うのです。

社会が変われば趣味も変わる！

学生時代のアウトドアというと、友だちや仲間と一緒にできるスポーツが人気です。しかし、30代後半くらいからの趣味としては、集団ではなく、1人でできるほうが手を出しやすくなります。実際、令和の10代に人気のスケボー、20代に人気のサッカー、フットサルが、30代以降になると、ウォーキングや釣り、さらには女性を中心にホットヨガとかティラピスなどにシフトしていきます。

とはいえ、令和のスポーツはデジタル化とも密接に関係していることから、昭和や平成のスポーツとは性質が変わりつつあります。

たとえば釣りでもデジタル化が進み、ポケット魚群探知機やデジタルスケール、デジタルカウンター付きリールなど、用具はDX化しています。ウォーキングもしかりでアップルウォッチなどと連動して、ヘルスケア機能やエクササイズ設定ができるようになっています。しかもそれらのデジタルツールの使い方はＹｏｕＴｕｂｅなどの動画で紹介されているのです。

またゲームにおいても10代、20代の人気のオンラインゲーム「荒野行動」や「フォートナイト」を背伸びして始める必要はありません。

一例を挙げると、アナログのボードゲームだった将棋は、ＡＩの導入でオンラインゲームとして、これまでとは一変する進化を遂げています。ＡＩによる最善手の解説を受けながらオンラインで対戦相手をマッチングしてくれるのです。

要は、年齢を重ねるごとに趣味も増やし、アップグレードされた令和バージョンに対応していくようにするのです。**化石化した、マンネリの趣味からの脱却をはかることで、趣味に関わる滞りを解消すれば、その相乗効果として仕事の滞りも解消されていくようになる**のです。

#14 趣味に男も女もない！バイアスを打ち砕け！

友だちと始めた趣味は上達しない

視野と人脈を広げ、それを仕事に活かしていくという意味からも趣味の存在は大きいものがあります。

しかし「趣味ならば上手でなくてもよい」という考え方だと、波及効果は期待できないかもしれません。せっかくの趣味ですから、「下手の横好き」ではなく、上達を目指したいものです。また、趣味であっても「あの人の趣味はプロ顔負けだ」ということになれば、会社でも一目置かれることになるでしょう。

趣味でよくあるのは、友だちに誘われて始めるというものです。

「会社のみんながゴルフをしているからゴルフを趣味にした」「友だちに誘われて英会話を始めた」などがそうです。

確かに友だちと一緒にやるというのは心強い面もあるし、長続きする可能性も高くなります。共通の話題ができるというメリットもあります。

しかし、「楽しみに始めた趣味が苦しみや悩みに変わった」というのはよくあることです。一緒に始めた友だちとレベル差が生じてそれが軋轢《あつれき》となることもあります。とくに大きな悩みとなるのは「友だちや同僚に比べて自分の力量が劣っている」と感じたときでしょう。「どうせ趣味だから……」という気持ちはあるでしょうが、うまくできなければストレスも大きくなります。

若いうちならば、「とりあえず何でもやってみよう」という精神で、うまくできないことでもチャレンジするのも必要なことでしょう。けれども社会人になって、**仕事も忙しくなってきているときに、趣味で悩むのは考えもの**です。

バイアスを打ち砕く趣味に飛び込む

そもそも趣味とは気分転換、リフレッシュのためのものです。せめて自分が得意な分野を対象としたいものです。もちろん、得意な分野となれば上達も早いでしょうし、仕事をするうえでの人づきあいにおいても大きな接点となる可能性が出てきます。

さらにいえば、趣味における男女の違いもなくなりつつあるので、男性であっても手先が器用ならば手芸をしてみたり、甘いものが好きならばケーキなどのスイーツづくりに挑戦したりするのもよいでしょう。ちなみに趣味では男性のケーキづくりはまだまだマイナーですが、有名パティシエなどになると、作業工程の中に力仕事も出てくるので、逆に男性のほうが多くなるようです。

また、以前は男性中心だった筋トレや麻雀などに興味を持つ女性も増えています。カーリングの日本代表の藤澤五月選手がボディメイクの大会に出場したり、麻雀のMリーグで女流雀士が活躍したりするなど、女性の趣味の領域も幅広くなっています。いずれも「みんながやるから自分もやる」という視点からの趣味ではありません。

自分の得意なことを活かして、それを趣味とすることで人間関係の幅も広がるようになるのです。

趣味もクロスジェンダーが注目される時代となってきました。「趣味とはこんなもの」という現状維持バイアスを打ち砕くことで、これまでとは異なる可能性が広がるようになります。

そして何よりも大切なのは、**人づきあいを目的として趣味を始めるのではなく、自分が得意なことを活かして趣味の幅を広げることです。それが、ひいては良好な人間関係をつくり上げる土台となる**のです。

#15 ストレスが溜まるくらいなら、初めから人と競争する趣味はするな！

趣味は頂点に立つ必要はない

もしあなたが100メートルを13秒で走れるとしたら、どうしますか。

100メートルの中学生記録だって10秒台。13秒で走れたとしても何の役にも立たない。ましてや特技なんていえないはずだ——こう考えるでしょうか。本人目線では、「13秒なんて速いうちに入らない」とコンプレックスを感じているケースも少なくありません。オリンピックを目指すならば、そう考えるのは当然のことでしょう。

しかしそういう人は、0・1秒縮めるのに一生をかけるようなハイレベルの人たちです。「世界の頂点を目指して、他のあらゆることを犠牲にしながら全力で取り組む」ということになるのでしょう。それはそれで素晴らしいことです。

でも、誰もがウサイン・ボルトになれるわけではありません。多くの人は10秒台どころか15秒切るのにも苦労するでしょう。

そうした一般の人たちの目線から見た13秒というタイムはどうでしょうか。おそらく周囲からは尊敬の目で見られるタイムだと思います。つまり趣味のレベルで楽しむのならば、100メートルは13秒で十分なのです。

それより速く走れるようになってもオリンピックなどに簡単に出られるものではありません。**足が速いという強みを活かしつつ、人と競争しないような趣味をするのが得策**というものではないでしょうか。

今の自分のありのままの力を活用する！

もちろん、その13秒を12秒、11秒……と速めていけば、周囲はますます感心するかもしれません。

しかし、13秒を1秒縮めるには多大な努力を必要とします。これに対し、「13秒で走れる」ことに満足して、それを特技として活用すれば、他の可能性も開けてきます。「13秒でしか走れない」とコンプレックスを抱くこともなくなります。

最高レベルに到達させようとすると、その最後の部分でのコストが桁違《けたちが》いにかかります。

ムリにがんばるより、適当にがんばるほうが効率的

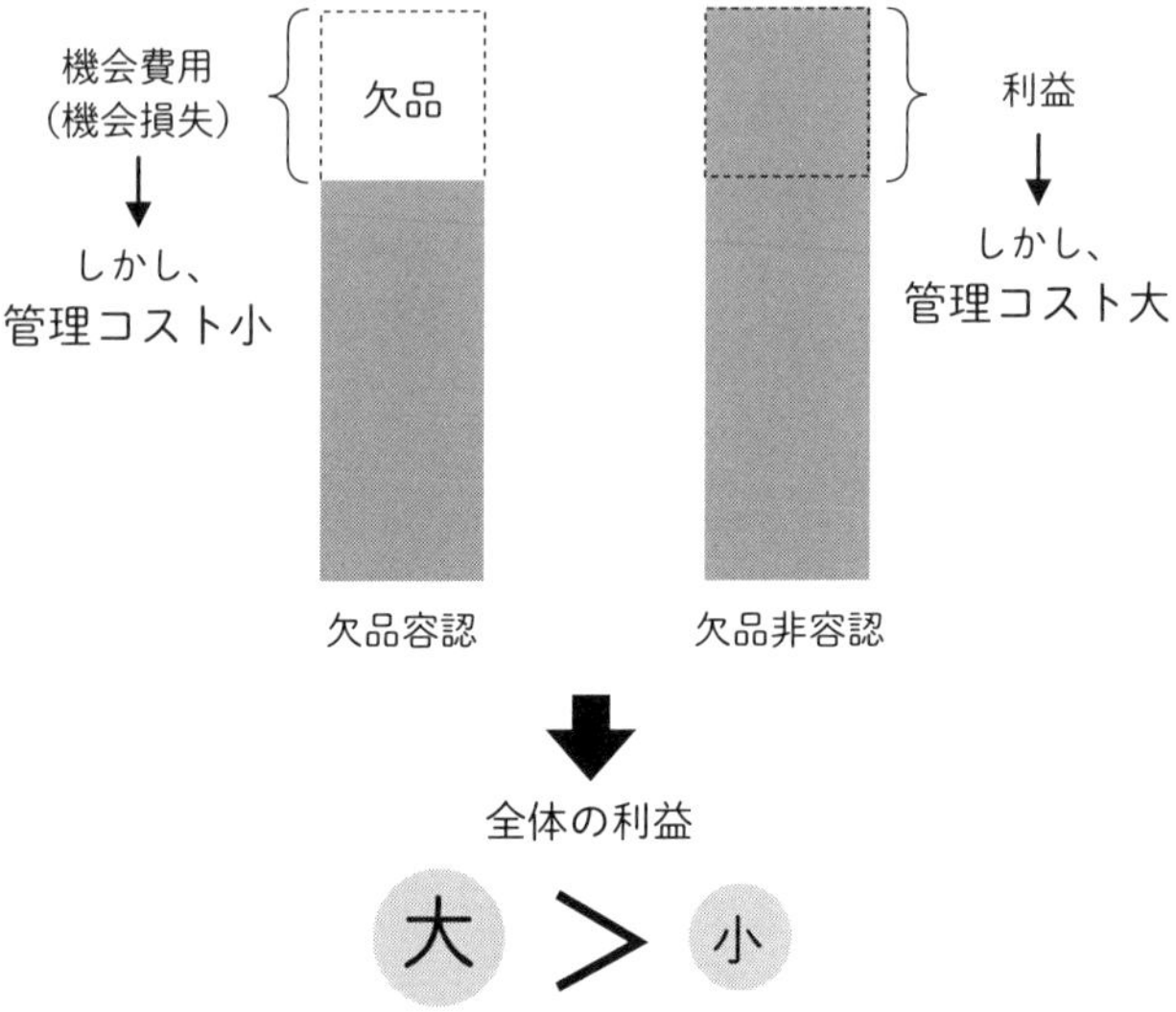

けれどもあえて最善を求めなければ、そのコストはかかりません。最後の詰めの労力は別の分野にかければよいのです。たとえば「13秒で走れるのでジョギングを楽しんでいる」といった具合にプラスに活用していきます。

これは経済学の「機会費用」の考え方の応用です。

機会費用とは「ある選択をしたことで、それをしなかったときに失う価値」です。たとえば、休日寝ていればお金は稼げませんが、寝ている代わりにアルバイトでもすればお金を稼げます。寝ていることでお金を

稼ぐ機会が犠牲になっているのです。

そう聞くと、機会費用を失うことにネガティブな印象を持つかもしれません。

しかし、**物流でも欠品が絶対出ないようにすると、そのためのコストが莫大になりますが、数パーセントの欠品を容認すると管理コストを削減できるということが知られています。**つまり、機会費用を追わないほうが全体の利益が大きくなるのです。

人づきあいの視点から考えた場合、趣味で何かを始めたところにライバルが出現すれば、メラメラと競争心がわいてくるかもしれません。

しかし、それで張り合っても得られる成果はほとんどありません。

張り合って負けないとすれば、ストレスというかたちで滞りも発生してくることになります。

それならばナンバーワンでなくてもオンリーワンでなくてもかまいません。「井の中の蛙《かわず》」で十分！

人と競わないような優劣がつきにくい、それでいて、あなたがほどほど人よりできる趣味を探してみませんか。

#16

週のフィードバックを兼ねる！片手間の趣味は日曜の朝が最適

人づきあいは、1人でいるときに決まる

ところで趣味の時間というと、やっぱり「平日よりも週末」ということになります。週末すべてを趣味に使う人もいますが、それほどテンションの高くない、片手間の趣味ならば、金土日のうちのどれか1日、時間帯もある程度、絞ってやるのがよいでしょう。**ちょっとした趣味ならば日曜日の午前中を推奨します。**

日曜日の朝に入れておくとよいのは、実は理由があります。

というのは、趣味を人づきあいの場と考える人もいますが、実は人づきあいとは、1人でいる時間に決まることがかなり多いのです。

恋愛で、いつも一緒にいる時間よりも1人で相手のことを考える時間が愛を育《はぐく》むといわれています。1人でいるときに相手のことを考えていると、長所や大切な部分が見えてくるという考え方です。

この考え方は、恋愛に限らず一般的な人づきあいにおいても当てはまります。

会社の上司や部下が自分のことをどう思っているのかを考える時間はあるようで、実はあまりありません。業務の合間や居酒屋でじっくり考えることはあまりないはずです。せいぜい粗探しをするくらいでしょう。相手と接している平日は実はあまり考える時間はないのです。

1人でいるときにコミュ力は伸びる!

とはいえ、「週末に会社の人たちのことを考えていては、プライベートの時間がないじゃないか」と、あなたは反論するかもしれません。

ところがそうではないのです。そうした日常の人間関係の整理は、ある程度、時間をとって、週に一度くらいはぼんやりとでも考えてみるほうがいいのです。といっても、「上司とは……」みたいに、改めて考えるのは重すぎます。あくまで何かのついでに考えてみるのです。

そのきっかけづくりに日曜日の朝の1人でできる趣味というのは、けっこう向いていいます。

読書でも音楽でも映画鑑賞、あるいはクロスワードパズルでもかまいません。ジョギングやサイクリングなどもいいでしょう。1人でちょっと考えながらできる時間を使って、その時間に人間関係をフィードバックしてみるのです。

すると、**不思議なことに「あのとき上司はこんな気持ちで注意してくれたのかもしれない」とか「部下が反発した理由がなんとなく見えてきた」といったことに気づく**ものです。

実際、自分が1人になってその週の人間関係を振り返ることができる時間は、日曜日の朝くらいしかありません。

金曜日の夜は資格の勉強とか、会社のつきあいもあるでしょう。土曜日は人脈を広げるような人づきあいの予定が入ったり、旧友と会うかもしれません。また、日曜日の午後や夜は家族と一緒に過ごす時間や資格勉強なども少しはやっておきたいところでしょう。

つまり日曜日の朝だけが、1人の時間を純粋に過ごすことで、その週をフィードバックできる時間なのです。そして1人でできる趣味は、その建て付けを整えるのに便利な存在なのです。

#17

より充実度を高めるために、「10分」の体感イメージを手に入れろ

SNSを活用すれば10分は長い

日曜日の朝の趣味活動について、もう少し話を続けると、最初は1人で10分あればできることから始めるといいかもしれません。要は、あまり長くなく、負担なく始められることに目を向けるのです。

たとえば「クロスワードパズルを毎週1題日曜日に解くことにしている」くらいでかまいません。画像を添付したXのポストやインスタグラムの投稿であれば10分あれば十分です。スマホの自撮り動画をＹｏｕＴｕｂｅにアップしても10分あればできるはずです。

読書や音楽も同じです。10分で自分の知らない分野の電子書籍の1単元だけ読んだり、ＹｏｕＴｕｂｅを使って、昭和・平成の歌謡をカラオケで練習したりしてもよいでしょう。

このとき大切なのは、そうして始めた趣味をできれば身近な人たちにお知らせ・報告す

ることです。「今度、○○を始めました」「今、○○をやっています」ということを発信すれば、コミュニケーションがはかれるし、人間関係の潤滑油ともなります。もしかしたら商談に結びつく可能性もあります。

かくいう私も10分くらいから始めた趣味はけっこうあります。学生時代にやっていたものの、その後は対戦相手もなく大きなブランクとなっていた将棋は、近年、オンライン対局ができるようになりました。日曜日の朝などに3分持ち時間の対局を3局やります。時間にすると10〜15分くらいです。Xもインスタグラムもやっていますが、最初はどちらも10分くらいからでした。

また、10分あれば、ちょっとしたストレッチもできます。最初から毎日というのも慣れない人には負担でしょうから、当面は日曜日の朝10分から始めるだけでも、自分自身の意識はかなり変わるように思えます。

大切な隙間の時間の体感イメージ

それだけではありません。10分から何かを始めると、時間の使い方を考えるきっかけにもなります。

人づきあいの滞り解消のイメージ

人づきあい

↓

滞り

↓

解消方法

悩み・相談・アドバイス

悩み：自分で解決。
相談：見返り必要。
アドバイス：必ず活用。
「困った」：共有。

職場好き嫌い・グループ

職場：嫌いな人は鏡。
話相手：１人いればOK。
相談：見返り必要。
アイスブレイク：不要。
笑顔：滞りの原因、不要。
挨拶：不要。
土産：不要。

歓迎会・忘年会・新年会

ドタキャン：NG
仮病：NG
欠席理由：「都合が悪い」。
案内後すみやかに断る。

食事・スポーツ・趣味

食事：１人でよい。
スポーツ：競争しない。
趣味：日曜日朝・短時間。年齢に合わせてアップグレード。

↓

効果

「人づきあい」の滞りを解消することで
職場に行くのがいやでなくなる、やる気が出てくる。

悩み・相談がストレスにならない。

気疲れしなくなる。

自分の時間を持てるようになる。

ストレス・人間関係で悩まなくなる。

コミュ力が向上。

実は10分という時間は考える以上に長いのです。

「10分では何もできない」という人は1時間あっても何もできません。一例として結婚式のスピーチや英会話で10分の自己紹介となれば相当の量です。メールやブログも10分あれば、かなりの量は書けるはずです。お弁当でも食べ切ってしまう人もいます。

大切なのは「隙間の時間の10分とはどれくらいの時間なのか」ということを体感的に知ることなのです。**現代社会は30分や60分単位ではなく、10分くらいの細切れの単位で動いています。YouTubeでも10分動画となれば、かなり長いと認識されます。**

それゆえ、**10分の体感イメージを持つことは、人間関係においても大きなアドバンテージといえる**のです。10分で手際よく行動できる人というのは、それに合わせたコミュ力を持ち合わせた人となるのです。もちろんコミュ力だけでなく、趣味も楽しめ、仕事の滞りも少ない人ということになります。

本章のまとめとして、人づきあいの滞り解消の全体像を237ページにまとめておきました。言語化された滞りの解消の一連の方法を、図によって視覚的にフォローしてください。

第5章

人生設計とお金の滞りを解消する

#1 どうせ予測なんて外れるんだから、人生設計は遅いほどよい

早めの人生設計は滞りが大きい

人生設計というのは早ければ早いほどよい。小学生くらいから将来を決めても構わない――こう考える人も少なくありません。しかし、私の考えはちょっと違います。**常識とは真逆で、「人生設計は遅いほどよい」のです。**

その理由を物流などで行われる需要予測の考え方から説明したいと思います。

人生設計も需要予測も、「未来を予測して、そのシナリオを最適化する」というのがメインテーマとなります。つまり、「いかに未来を見通せるか」がポイントになります。

そこで考えたいのは「予測の精度」です。未来を予測する場合、それが近くに迫っていればいるほど精度は上がります。

たとえば、1年後の今日のあなたが何をしているかを考えてみてください。おそらく何をしているのか、思いつかないと思います。では、5分後のあなたはどうでしょうか。現

長期計画と短期計画の比較

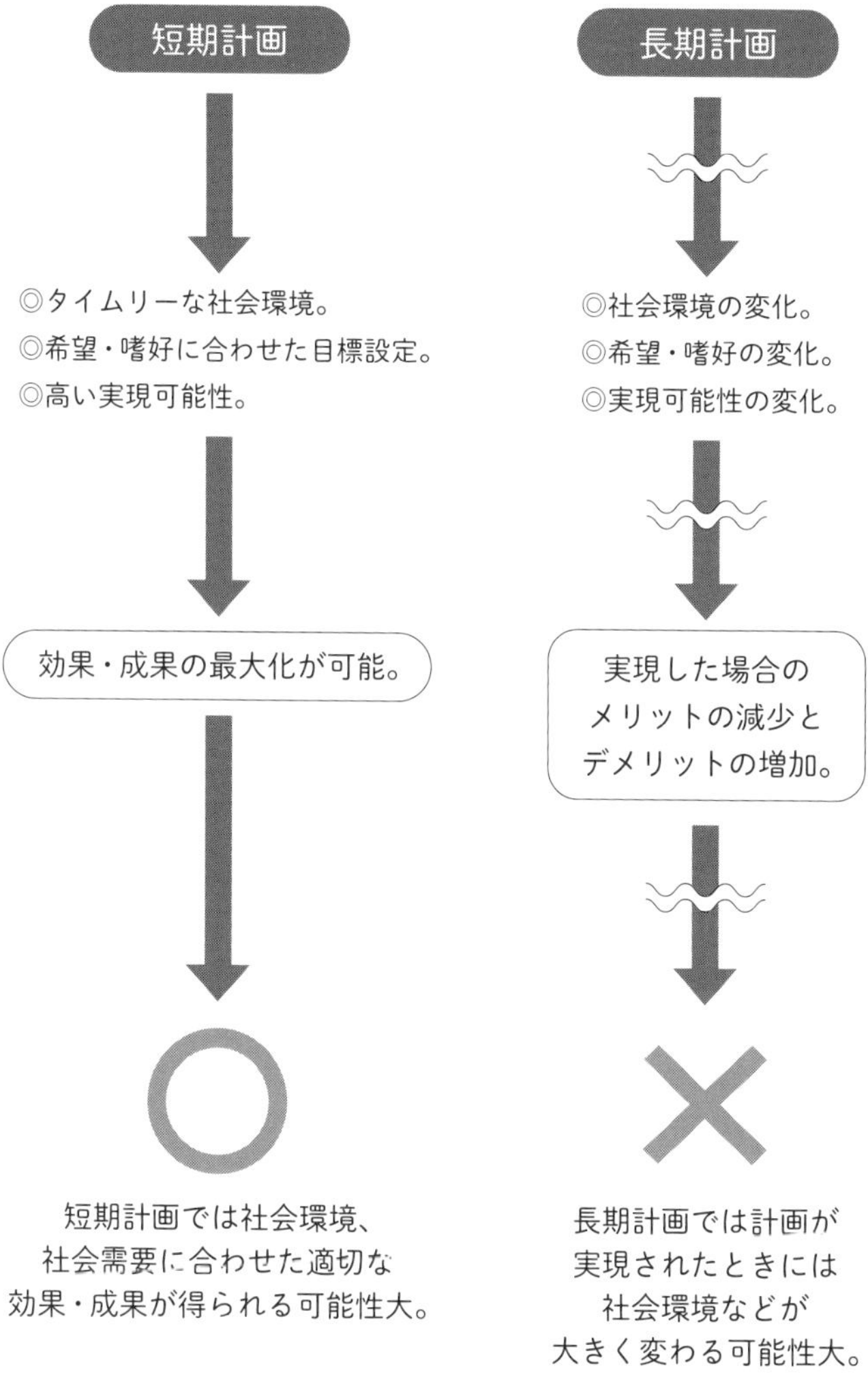
短期計画
◎タイムリーな社会環境。
◎希望・嗜好に合わせた目標設定。
◎高い実現可能性。
効果・成果の最大化が可能。
短期計画では社会環境、
社会需要に合わせた適切な
効果・成果が得られる可能性大。
長期計画
◎社会環境の変化。
◎希望・嗜好の変化。
◎実現可能性の変化。
実現した場合の
メリットの減少と
デメリットの増加。
長期計画では計画が
実現されたときには
社会環境などが
大きく変わる可能性大。

計画倒れにしないためには、長期ではなく短期計画

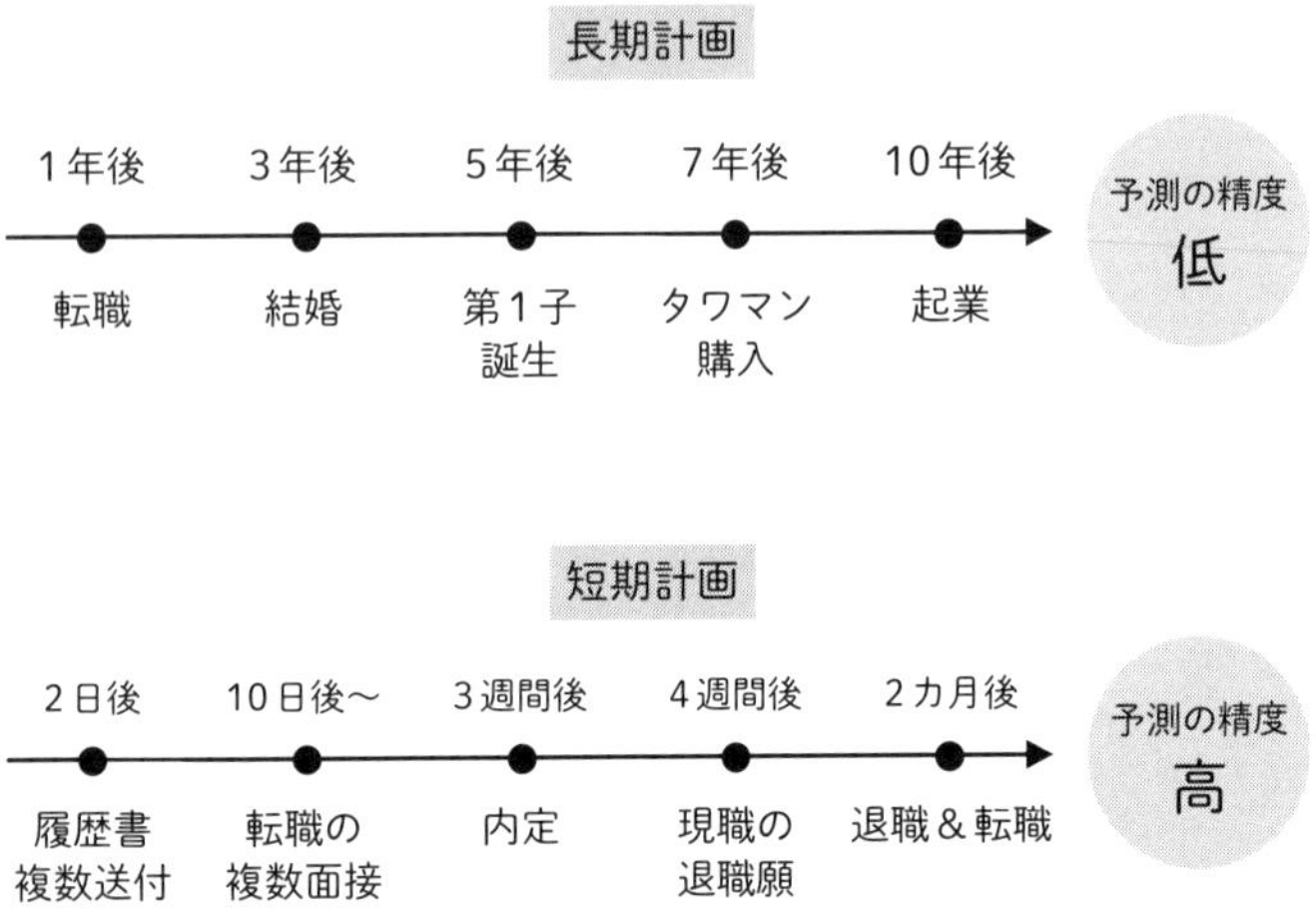

時点の延長でもあるので、ほとんどの人が自分の行動を高い精度で予想できると思います。

そうなのです。未来は近ければ近いほど予想しやすくなるのです。

それではこれをどのように物流の視点から考えればよいでしょうか。物流の立場から言語化すると、これは「商品は短ライフサイクルで開発、短リードタイムで商品を供給、在庫は最小限」ということになります。

短いスパンで商品を開発し、素早く売り切るというのが、成功確率の高い方法なのです。長期的な視点からの商品開発が悪いわけではありませんが、開発途中に状況が変わることも多いのです。

同じようなことが人生設計にもいえます。

確かに人生を長期的に設計すれば緻密《ちみつ》になるでしょう。けれども、長期計画の途中で社会状況は大きく変わります。

私のことでいえば、そもそも私が高校生や大学生のときには、物流を大学で教えている先生なんてほとんどいませんでした。物流の産業的な注目度も、今とは比較になりませんでした。物流の専門家になるなんて予感すらできませんでした。

実際、ＡＩの飛躍的発達で、これまで花形だった産業が斜陽産業となる可能性は捨てきれません。人間しかできなかった職種がＡＩにとられてしまう時代となるのは確実です。

ただし、人生に無計画で臨むというのもリスキーでしょう。そこで対策としては、**「人生の大きな岐路での意思決定は直前まで行わない」ということ**になります。ここでいう人生の大きな岐路とは、就職、転職、副業、起業、結婚、昇進、資格取得などです。

同時に「自分は人生設計を長期的に行っていないからダメだ」というバイアスは持たないようにするとよいでしょう。

#2

適切な意思決定のためには、短期的な人生設計ほどうまくいく

多くの人は人生の目標を失う

それでは、人生設計をいかに短期的に考えていくべきかを早速考えてみましょう。

多くの人は、人生設計を立てたかどうかにかかわらず、大学を卒業して、会社に入ったあたりで、将来の目標を見失うと思います。

というのも、高校くらいまでは、まずは有名大学入学が目標になり、大学では就職先を選ぶことが主眼となるからです。

したがって、会社に入ると、「こんなはずじゃなかった、会社にだまされた」という気持ちになるかもしれません。会社に自分の将来を託して就職したのに、不満を会社のせいにするのもいかがなものかと思いますが、よくある話です。

それはともかく、やっぱり会社は自分の夢を叶える場ではないと、退職届を出すことにもなりかねません。

すると、「人生設計を長期的にやらないとダメだよ」と説教されたり自覚したりします。

しかし、**長期的計画をしっかり練るということは非常に難しく、それは日本の首相になりたいとか、世界一の名医になりたいとか、ベストセラー作家になりたいとか、そういうレベルのときに考えることか**もしれません。

就職した段階で人生設計を見直す

ここでは、もっと普通の人の場合を考えましょう。

まず、どのようなプロセスや理由かは問わず、ある会社に入ったときを起点としましょう。

昔ならとりあえず3年といったところですが、今ならまず1年くらいはその業界を見るつもりで働いてみることです。役に立たないかもしれないし、もっと早く辞めたくなるかもしれません。耐えられなければ半年はがんばりたいところですが、目標としては1年です。

最初に勤めた会社は誰にでも大きな影響を及ぼします。どんな業界のどんな会社か、たまたま入っただけかもしれませんが、この会社のイメージが数十年、場合によっては生涯影響を受けます。

それゆえ、後々思い返すこともあるので、善し悪しにかかわらず第一に仕事はしっかり勤め切るのがよいでしょう。そのうえで転職するなり資格試験を受けるなり、善後策を考えていただきたいのです。

どんな業種・職種に変わるか、それとも変わらないで働き続けるかは、そのときの状況次第です。ここは短期的に考えるようにしましょう。その際、「以前考えたことと違う、目標がブレブレだ」などと考えてはいけません。状況は常に変化します。**臨機応変で対応するほうが適切な意思決定が可能になる**のです。

やがて考えられる選択肢としては、仕事がある程度軌道に乗ったところで、副業、起業、独立、再度の転職などの選択をすることにしましょう。

短期的な計画というのは一見、行き当たりばったりのようなイメージがありますが、実は長期的な計画に比べて、選択に関する情報量が格段に多くなるのです。最適な選択をするうえで情報量は不可欠ですから、長期計画に比べて計画実現の精度も上がってくるのです。

#3

臨機応変な人生設計は、昨日のことを思い出せ

人は前日の記憶を軽視する

短期的な人生設計を行ううえで、**大切なことは「昨日、今日、明日のワンセット」と考えること**です。物事には因果関係が必ず存在します。それを念頭に置くのです。

人間の過去の記憶は時間が経つにつれて曖昧になります。しかし、昨日の記憶はまだかなりの部分残っています。そのときの印象が消え去らないうちに翌日、翌々日くらいまでの予定を確認したり、見直したりするのがよいでしょう。

ところが、忙しい人が前日のことを改めて思い出すことは意外と少ないものです。「上司に怒られた」「口論になった」など、ネガティブなことはよく覚えているかもしれませんが。

しかし、「ちょっとうれしかった」くらいのことは、それを喜んだ段階で自己完結してしまい、「あれは、〇〇すればもっとよかった」といったようなフィードバックをする人はあまりいません。

これはとてももったいないことです。繰り返しますが、前日の記憶は過去の記憶の中でもっとも鮮明な記憶なのです。昨日あったことを前提に行動することで、今日、明日の行動目的が明らかにできるのです。

たとえば、読書や映画観賞などの予定は「1カ月前から決めていた」といっても予定や興味が変わることが少なくありません。**何かきっかけとなる出来事があれば、その翌日に行動を起こすのが、もっとも有意義な選択となる可能性が高い**でしょう。

会社の上司や同僚、あるいは家族などから評価されたり、褒められたりした場合、「こんなことを評価されてうれしい」というだけで終わりにせず、「なぜ評価されたか」などを分析して、それをすぐに活かすようにするのです。

それはほんのちょっとしたことでかまいません。

会社にいつもより少し早く着いて、「今日は早いですね」と後輩や部下にいわれたら、「明日も早く出社しよう」と考えるだけでもかまいません。あるいは「今日はみんなが感心してくれたけど、明日は疲れているかもしれないから出社はぎりぎりでいいだろう」と判断できるかもしれません。

大切なことは短いスパンで自分の行動の因果関係を考えることです。その積み重ねが臨機応変な人生設計にもつながっていくのです。

#4 就活、婚活、妊活、昇進は人生設計には入れるな！

人生設計と理想の生き方は違う

「一流大学を出て、一流企業に勤めて、理想的な異性と結婚し、会社でもトップ昇進で課長となる」という組み立ては人生設計でも何でもありません。これは単なる理想であって、それを合理的な理由で実現できるという保証はどこにもないのです。

というのも、この4つの人生の分岐点では、運の要素が非常に大きくなるからです。またそれだけ滞りも大きくなります。

就活については景気や業界の動向などにも大きく影響されます。中学生くらいのときには人気があった業界でも、大学生の就活期には伸び悩んでいる可能性があります。

また「どうしてもA社に入らなければ人生設計が狂ってしまう」といっても、ピンポイントで第1志望の企業に入れるかどうかはわかりません。大学くらいまでなら第1志望に入れるかもしれませんが、第1志望の企業にピンポイントで入れるかどうかはかなり運に左右されます。

婚活については、それ以上に相手に左右されることになります。人生設計だけではどうにもならない運や縁が関係してくるはずです。妊活については、それ以上に天の恵みといっていいでしょう。

また昇進についても、「サラリーマンの人事の9割は運」です。実力よりもコネが優先したり、ちょっとした偶然やめぐり合わせで昇進できなかったりすることもあるでしょう。

大学教授にしても、なれるかどうかなどは「神のみぞ知る」といった面があります。

「大学で物流を研究して教授になりたいのです」と希望する人がいますが、それを人生設計とするのは、挫折したり、思うように行かなかったりした場合のリスクも考えると、勧められるものではありません。もちろん、大学教授に限らず、いろいろな業種、業界でも同じことがいえると思います。

このように就活、婚活、妊活、昇進は「そうなりたい」という希望を持つのは自由だし、実現に向けて自己イメージを増幅させるのもよいことだと思います。

しかし、それは人生設計でもなんでもありません。「人生がそのように進めばいい」というたんなる希望です。**人生設計という以上、かなり高い可能性で実現できる方向性を示せなければ設計する意味はない**でしょう。

人生設計は漠然としているほうがよい

そこで、人生設計自体はもう少し漠然としたもののほうがよいと思います。そのうえでいくつかの岐路、選択肢への対応を用意しておくのです。

たとえば「何らかの研究職に就きたい」「大企業で管理職になりたい」「起業して自分の会社を大きくしたい」くらいならば、運や縁に左右されても実現可能な範囲でしょう。

婚活にしても「あの人でなければダメだ」ではなく、「このようなタイプの異性と結婚したい」というのであれば可能性は高まります。妊活や昇進についても、「どうしても子どもを授からなかった場合」や「残念ながら昇進できなかった場合」については第2、第3の選択肢を用意しておく必要があるのです。

令和の時代の世の中には、昭和や平成では考えられなかった多くの縛りがあります。コンプラもうるさいですし、社会も高度化しています。そうしたバックグラウンドを無視して、単純な、あるいは無策な世界観、単純な目標設定、人生設計では成功は望めないでしょう。

社会環境や自分の立ち位置を常に確認しながら、人生設計を細かく設定し直していくことが、非常に重要になるのです。

近年、量子力学の考え方や原理を人生設計の分野でもアナロジー（類推思考）としてとらえることが多くなっています。実際、量子力学の基本的な考え方が実践的な人生設計にも役立つように思えます。

量子力学でよくいわれるのは不確実性の認識です。粒子の位置、運動量などの物理的属性を同時に正確に測定できません。そして同じように人生の予測も困難です。

そのうえで、量子力学には「観測者の影響」がついて回ります。観測者が実験結果を見ていることが結果に大きく影響するのです。**人生も同じで、周辺環境が人生設計に大きく影響します。**

たとえば、不景気で就職できないとか、入った会社で上司に恵まれず左遷されたといったことは、事前には予測もできないでしょう。

さらに多元宇宙論という考え方がとられます。いわゆるパラレルワールドの一種です。状況に応じて結果が違ってきて、その異なる結果がまた別の結果を導くのです。

それゆえ、人生設計においても、シナリオA、シナリオB、シナリオCなど、複数のゴールを用意しておくのが合理的な設計になるのです。

#5

茨の道を開拓するより、敷かれたレールの上を歩け

オンリーワンになろうとしてはいけない

仕事でも家庭でも「困った」ということはよくあるはずです。そのときに失敗しがちなのが、何も調べず自分の知恵だけで解決策を考えようとすることです。「自分以外の人ならばどうするか」といったことはあまり考えません。つまり一般論では考えず、「自分だけの特殊ケース」として問題をとらえてしまうのです。

その失敗が顕著に出るのが転職です。

転職の場合、それまで勤めている会社の同僚や上司に相談するわけにはいきません。また、家族にも検討の段階ではなかなか話しにくいでしょう。自分1人の判断になりがちです。そのため、転職が自分だけの特殊なイベントであり、人に相談して対応するべきことには思えなくなってしまうのです。

しかし、その結果、「転職したものの、自分の思うような会社ではなかった」「人間関係

で採めて、すぐに退職してしまった」など、かなりの人が転職に失敗しています。

ネットなどで調べれば、「給料が上がることを期待して転職すると失敗する」「自分のスキルとマッチしていない会社に入り失敗した」といった声は多くの人に当てはまる可能性があります。逆に転職の成功の条件には「志望先の情報収集がよくできている」などが挙げられます。

転職希望者数は年間1000万人以上います。ネットで情報を調べても自分と似たようなケースはすぐに見つかるでしょう。また、対象となる会社に転職した人の感想なども、ネットで拾えると思います。

困った状況に直面したら、他の人が成功したアプローチを参考に、複数の可能性を同時に考慮するのが正解を見つけだす近道といえるのです。

ロジスティクス工学では、サプライチェーン上の課題が発生した際には過去に成功した手法やプロセスを再利用していきます。同じような経験をした人の成功体験やベストプラクティスを活かしていくのは至極当然のことなのです。

「でも人と同じようなことをしていても自分の人生という感じはしないなあ」「敷かれたレールの上を歩いていても仕方がないよ」と、あなたは思うかもしれません。

そういう思いが頭をよぎったら、**差別化や人との違いは別のところで発揮すればよい**のです。転職のような人生の行方がかかっているような局面で我流の考え方で突き進むのは、地図も持たずに登山するようなものなのです。

#6 子どもの頃の夢を実現する必要はない 現状から近未来の最適解を選び出せ

単なる思いつきのケースが多い

長年の夢を叶えるのは素晴らしい――あなたはそう思うかもしれません。しかしこれは**一種のステレオタイプバイアスでしょう。**「そういうものなんだ」という決めつけに縛られて、柔軟な発想ができないのです。

改めて考えてみましょう。子どもの頃の夢を叶えることの何が素晴らしいのでしょうか。まずロジックの面でいえば、小学生とか中学生が考えたことですから、社会環境、社会評価、社会貢献、待遇など多面的な考察が抜けていたり、あるいは不十分な可能性は十分にあります。「なりたい」というのが感情的な希望であり、その根拠が示されていない可能性もあります。

もちろん天才といわれる人で10歳で博士号を取得したとか、小学生で起業したという例もあります。

しかしそれは統計学的にいえば、外れ値、つまり例外であり、多くの普通の人々には当てはまらないと考えていいでしょう。

夢の実現までに世の中の流れが変わってしまう

さらにいえば、百歩譲ってそのときの判断が正しかったとしても、成人するまでの10年、20年で、世の中がその仕事やスキルをまったく必要としなくなったり、技術の進歩などで職業やタスク自体がなくなってしまったりする可能性もあります。

私の母方の祖父は石炭の研究者で、石炭産業に一生を捧げたような人でした。その結果、黄綬褒章《おうじゅほうしょう》も賜り、業界でも評価されました。今もその業績の一部は石炭産業界に足跡となって残っています。

しかし、その姿を子ども時代に垣間見ていた私が石炭の研究者になりたいと思ったらどうなったでしょうか。石炭産業自体、祖父の死後あたりから斜陽化を遂げていました。祖父は「これからは石油の時代だ」と言い遺して亡くなりましたが、その石油だって、これから先はどうなるか未知数です。

ロジスティクス工学の考え方を切り口として考えれば、**目標達成までのリードタイムが長すぎる**のです。子どもの頃からの夢といえば聞こえはいいかもしれませんが、実際は、精神的な負荷、大きな滞りを抱えることになるのです。

もっとも、子どもの頃に将来の夢を抱くのは教育的にはよい面があるのは確かです。「自分はこんな人間になりたい」というセルフイメージを生成していくことになるからです。ただし、そのセルフイメージは年齢とともにアップグレードしておく必要があります。小学生ならばサッカー選手でもいいでしょう。中学生では医師、高校生では会計士といった具合に変わっていくのはむしろ自然なことなのです。

社会に出てからもそれは同じです。会社員として目標を設定しても、それが社会環境の変化や景気、人間関係などで、まったく違う方向にスライドすることは決して不自然なことではありません。

大切なのは直近の状況をしっかりと理解して、近未来の最適解を選び出すことなのです。

#7

思い込みにはまらないために、迷ったら他人の頭で考えろ！

人に考えてもらうほうがうまくいく

人生設計をしっかり立てるということは、誰にとってももっとも重要なことでしょう。

しかし、人間、自分のことになると、よく見えないことがあります。

人のことならば、適切、最善な対応ができるのに、自分のことになると基本的なことが見えなくなってしまうのです。

私はこれまで学生や社会人の方々の人生相談に数多く乗ってきて、いつも思うのが、そのことです。

「この人はこんなことをすればいいのに……」「あの人はあんなことをやれば大成功するのに……」と思うことがしばしばあります。

しかし、多くの人は「自分のやりたいこと」に固執して、迷路に入り込んでしまいます。

しかも「自分のやりたいこと」というのも、よくよく聞いてみると、「なんとなくそう思っていた」くらいのレベルのことがよくあります。

「自分のやりたいことはこのことなのだ」という強いバイアスに侵されているのです。とくに人生の岐路に立つような選択ではその傾向が強くなります。

私は物流関連のベンチャー企業やスタートアップ企業の創業者などとも親しくさせていただく機会が多いのですが、その際にちょっとした相談を受けることもあります。

「今、こんな悩みを当社は抱えている」「これからこのような方針で会社を大きくしたいと考えている」といった相談です。

自分で考えるデメリットが大きい

そこでいつも思うのは、成功する起業家や創業者は、自分の意見が正しいかどうかを常に側近などに確認しながら事業展開をしているということです。

それはたとえ経営者が自分の方針や構想が正しいと確信していても、第三者の目を一度通すことで、歪んだ判断となっていないかどうかを確認しているように思えます。また高度な判断が必要な場合は、専門家を巧みに活用しています。

反対に失敗する経営者は窮地に追い込まれたときに、自分の判断だけで乗り切ろうとしています。そのとき口にするのは「これまで自分のやり方でここまでやってきたから、ここに来てアドバイスをもらっても、考えがブレるだけだ」という言葉です。専門家よりも自分の判断を重視する傾向もあります。

でも、そうではないのです。

窮地に陥り、大きな滞りを感じているときにこそ、第三者のアドバイスが役に立つのです。

たとえば、「この人は今、成果を出そうとして焦っている」「あの人はライバルとの対抗心や競争心で本質が見えなくなっている」といったことは、本人にはなかなか見えないことです。

しかし、第三者の目からは、その人に接しただけで、オーラとしてそうした焦りや対抗心や嫉妬《しっと》を感じ取れることがあります。

逆にいえば、悩んだり、困ったりしたら、第三者に自分はどのように見られているかを確認してみるのがいいのです。そのとき、「図星だ」と思わせられることも少なくないでしょう。仮にそうだとしたら、アドバイスをお願いして、そのアドバイスを必ず実行してみるとよいと思います。

#8

大きな勝負にこだわらず、どうでもいいことから始めよう

トーナメントにもリーグ戦にもたとえられないのが人生

人生はトーナメント形式で勝敗が決するものではありません。小学校や中学校の受験で失敗しても、大学受験で成功すれば問題はありません。大学受験で失敗しても、優良企業に入ったり、難関資格を取得したりすれば逆転です。それらすべてに失敗したとしても、株や不動産で大儲けをすれば大逆転でしょう。

もっというと、人生はリーグ戦でもありません。人生設計の結果が10勝0敗であっても、病気になったり、不慮の事故に遭ったりすれば途中退場です。逆に1勝9敗でもその1勝が大きな意味を持てば勝者となります。

ただし、**40歳を過ぎたら、「失敗⇓負け」が致命傷になるリスクも出てきます。「勝たなくても引き分け」くらいに持ち込んでおく必要がある**でしょう。また大きな失敗を取り返して逆転する可能性は年齢を重ねるごとに低くなってきます。したがって、**「負けない⇓**

大きな失敗をしない＝滞りをなくす」ということが成功への足掛かりになります。

そこで**失敗しないためには、大きな勝負に出るのではなく、常にスモールスタートを心がけることが大切**になります。言い換えれば「どうでもいいことから始める」のです。ここでいう「どうでもいいこと」は、なんとなく流れで思いついたことを指します。

動物行動学から興味を持った人間とリアル会話するインコの飼育

しかし、それが新しい可能性の萌芽《ほうが》となることもあります。私の例を1つ説明すると、インスタグラムで大型インコの一種である「ヨウム」のリール動画を上げています。

これは計画的に始めたわけではなく、成り行きで始めたアカウントです。しいて理由を挙げれば、インスタグラムの仕組みを理解して、「なんらかの形でビジネスに活かせないものか」と思い始めたことです。

「なぜヨウムか」というと、「このオウムの仲間の大型インコは、人の言葉を話すのがうまく、中には人間と対等に会話する個体もいる」ということを、あるとき知ったからです。

動物行動学ではサル、イルカなどが人間の言葉を理解し、特別なツールを用いて人と意思の疎通、会話を行うということが知られています。その分野での研究も多く行われています。

ところが、米国のアイリーン・M・ペパーバーグ博士は、ヨウムが人間と対等に会話できるかどうかという研究を行動経済学の立場から行ったのです。彼女の飼育したヨウムのアレックスは100以上の単語を使い、人と対等に会話したのです。

なるほどと、私も思いました。サルなどの哺乳類が高い知能を持ち、人と話せる可能性があることは知られています。しかし、哺乳類の場合、人語の発声が難しいようなのです。しかし、人の言葉のモノマネはオウムやインコならばお手の物です。「人間と会話ができるのではないか」という仮説は確かに説得力があります。

そうしたある意味、**物流の専門家にとってはどうでもいいことからヨウムの飼育を始めて、インスタグラムで動画も公開しています。そして本当に成り行きでそうなったことですが、インスタグラムでもそれなりにフォロワーを獲得できて、自分の趣味や仕事にも活かせるようになりました。**

あまりに計画的な人生ではそうした寄り道からの新しい発想は出てきません。

最初はどうでもいいことですが、それが究極的には大きな成果につながる可能性も出てくるわけです。

#9 目標達成にしがみつくな、むしろ達成しないことに意味がある

0ベース思考ならば目標はいらない

ところで、あなたは「どんなことでも、始めるときに目標を設定するべきだし、定めた目標は達成するべきだ」と考えてはいませんか。

しかし、実のところ、**目標を達成すること自体にはほとんど意味がないのです。目標というのはあくまで物事を始める際のゴールの目安に過ぎません。**

逆に目標を達成することで満足すれば、そこで成長や発展が止まる可能性もあります。目標を達成することで中途半端な段階で満足してしまうリスクがあるのです。

「なんだか荒唐無稽《こうとうむけい》なロジックだな」と思われたかもしれません。

しかし、根拠なく、そういっているわけではありません。「0ベース思考」というシカゴ大学教授で経済学者のスティーヴン・レヴィット氏の提唱する思考方法も同じようなロジックです。

目標というのは、それを設定した段階で「達成しなければならない」「目標ゴールが正解だ」というバイアスが発生します。しかし、研究・開発で当初の目標が修正されることは少なくありません。目標というのは、あくまで仮の到着点。そこにたどり着くのがベストプラクティスとはいえないのです。

たとえるならば、富士山の5合目までを目標にしても、状況に応じて、8合目や頂上を目指すこともあるだろうし、天候が悪ければ登山をやめるという選択肢もあります。目標第一主義の感覚ならば、「絶対に5合目までは登る」と決めて、登山できなければ挫折感だけが残るでしょう。けれども目標というバイアスがなければ、「天候悪化を客観的に見定めて、登山しないことで事前にリスクを回避できた」という成果に目が行くはずです。

当初から目標が設定されていたわけではない　宅急便のビジネスモデル

ビジネスの世界でも、当初の目標と異なるかたちで成功を勝ち得た事例は数多くあります。たとえば、ヤマト運輸の宅急便は、大手百貨店の配送契約を打ち切られたことがきっかけで始まりました。確かに大手配送契約を打ち切られたことは痛手です。そのため配送ネットワークを活用する方策や顧客を模索していました。

むしろ、当初はそれまで打ち切られた契約の代わりとなるような、似たようなタイプの顧客を探し出して、契約することが目標といえたでしょう。

けれども、結果として、日本の経営史にも名を残すことになる宅急便が発明されたのです。物流企業が郵便小包と競合するようなビジネスモデルを実践することは当初の目標でも何でもなかったのです。

人生設計のゴールもこのように0ベース思考で進むことで、予想以上の成果を得られる可能性があります。目標を定めて、その目標の達成を至上主義とする限りは、「これくらいが自分の限界だろう」という認知バイアスからは脱却できないのです。

#10 目標の達成具合の評価は「それで友だちができた」かにある

友だちができずに目標が達成されることはない

行動経済学では、目標達成などで得られる効用（満足度）は人間関係などの社会的なネットワークの形成とも関係があると考えられています。

言い換えれば、**「目標がきちんと達成できれば友だちもできる」ということになります。**

「資格試験に合格する」とか、「毎月1冊本を読む」といったように、目標が達成されたかどうかを見定めることはできます。しかし、単に「合格した」「1冊読んだ」というだけで終わるならば、たとえその目標を達成しても、それ以上の発展は期待できないでしょう。

1つの目標がまた別の目標の入り口となるように組み立てられていなければ、単発的なかたちで目標を達成しても、大きな満足感は得られないはずです。

そこで注目したいのが、「目標を目指す過程でどれくらい友だちができたか」なのです。目標を達成しようと、ある程度努力すれば、必ずその過程で友だちができるものです。

資格の勉強や趣味ならば、仲間や友だちがいるから続けられることも多いでしょう。

仕事の場合はそれがさらにはっきりと出ます。部署で目標を達成したり、目標以上の成果を上げたなら、団結力が強まったり、チームワークがよくなったりすることから、自然に上司、同僚、部下との関係が良好になります。

目標が共通化され、しかもお互い助け合い、同じ線で課題に取り組み、解決策を模索していくことになります。それゆえ目標を達成した部署のメンバーは仲間意識が強くなるのです。

ところが、目標の達成と友だちの有無はあまり結びつけて考えられてきませんでした。「受験勉強をしていれば、周囲はみんな競争相手だから友だちは不要である」というのが高校までの考え方の底流にあるでしょう。

大学でも仲間意識はあるものの、「どんな工夫をしているかは、人に言わないほうがいい」という傾向が少なからずあるように感じます。ビジネスピープルでも自分の目標達成に精いっぱいかもしれません。

けれども、その発想で得られる成果には限界があるのです。目標というのは、できるところは共有し、それによって良好な人間関係を築くことが大きな達成感につながっていくのです。

つまり、**「目標を達成したが、友だちはできなかった」というのであれば、その達成は本当に意味あるものではなかった可能性がある**のです。

逆にいえば、「目標は達成できなかったが、友だちはたくさんできた」というのであれば、そのプロジェクトはある意味、成功していたといえるのです。

#11

お金を貯めるには、いかに稼ぐかより、いかに節約するかを考えろ

お金は稼いでも増えない

ところで、人生設計の視点からお金の使い方についても考えておきたいと思います。

たくさんお金を儲ければ、それだけ貯金もできる——あなたはこのように考えているのではないでしょうか。

もちろん、稼ぎが多ければ生活も楽になるでしょう。それは万人の夢です。しかし、稼いでも、稼いでも、浪費してしまえば、元も子もなくお金は貯まりません。

けれども、お金についての滞りをなくすにはお金を稼ぐ以上の解決策があるのです。

それは「お金を使わないこと」です。「なんだ！」とあなたは笑うかもしれません。

「お金を使わないといってもたかが知れている。少しくらいのお金なら出ていっても影響ない。使った分は稼げばいい。だいたいこの本の、これまでの流れから考えると、著者は『たくさん稼げば使ってもいい』といいそうじゃないか！」と。

もちろん、大谷翔平選手みたいに一生使えないくらい稼げれば別です。でも、やっぱり貯蓄は浪費に優るのです。

日本の4人世帯の生活費は月平均で30万円くらいです。手取りの1、2割が理想の貯金額といわれています。しかし実行できている人は少ないかもしれません。

「そのためにはどうやって貯金すればいいかわからない」という人もいるでしょう。しかし、貯金するということは、お金を稼ぐつもりで努力するならば、それほど難しいことではありません。

もっというと、毎月の生活費のちょっとしたムダを省いていくと、1、2割の節約は意外とスムーズにできるものです。**コツとしては項目ごとの2割節約を心がける**のです。

たとえば、昼食に500円かけていたならば、400円になるように工夫します。コンビニで150円の飲料水を購入していたのを、スーパーで100円の商品の購入に切り替えるといった、ほんのわずかな節約を重ねていくのです。生活用品の購入などで、「2割引き」「3割引き」などのセールがあれば、極力活用するようにします。

もちろん、そうした努力を毎日続けていくのは根気が必要です。三日坊主に終わる可能性も高いでしょう。

節約したお金には税金はかからない

そこで次のように考えてほしいのです。

貯金額というのは、所得収入に比べて、少ない金額でも実質的には2、3割増の増収になるのです。

たとえば、これまで貯金ゼロの人が、月6万円を貯金するということは、それに税金や社会保険など、3割くらいを加えた7万8000円を稼いだ体感イメージとなるのです。

稼いでも所得税、住民税、社会保険などを引かれていくと、手取りに反映される金額は少なくなります。3割くらいは手取りで差し引かれてしまうのです。それならば貯金をしたほうが得です。現状の給料にプラスする形で6万円稼いでも、3割くらい、税金などで持っていかれるとすると、手取りは4万2000円です。

もう一度、比べてみてください。貯金の体感イメージは7万8000円、稼いだ現実的な手取りは4万2000円です。**貯金するのと、稼ぐのでは、2倍近くの差が出てくるように感じられるのです。この場合、年間では40万円も差があるイメージです。**

貯金額は所得収入に比べて2～3割増の価値がある(一例)

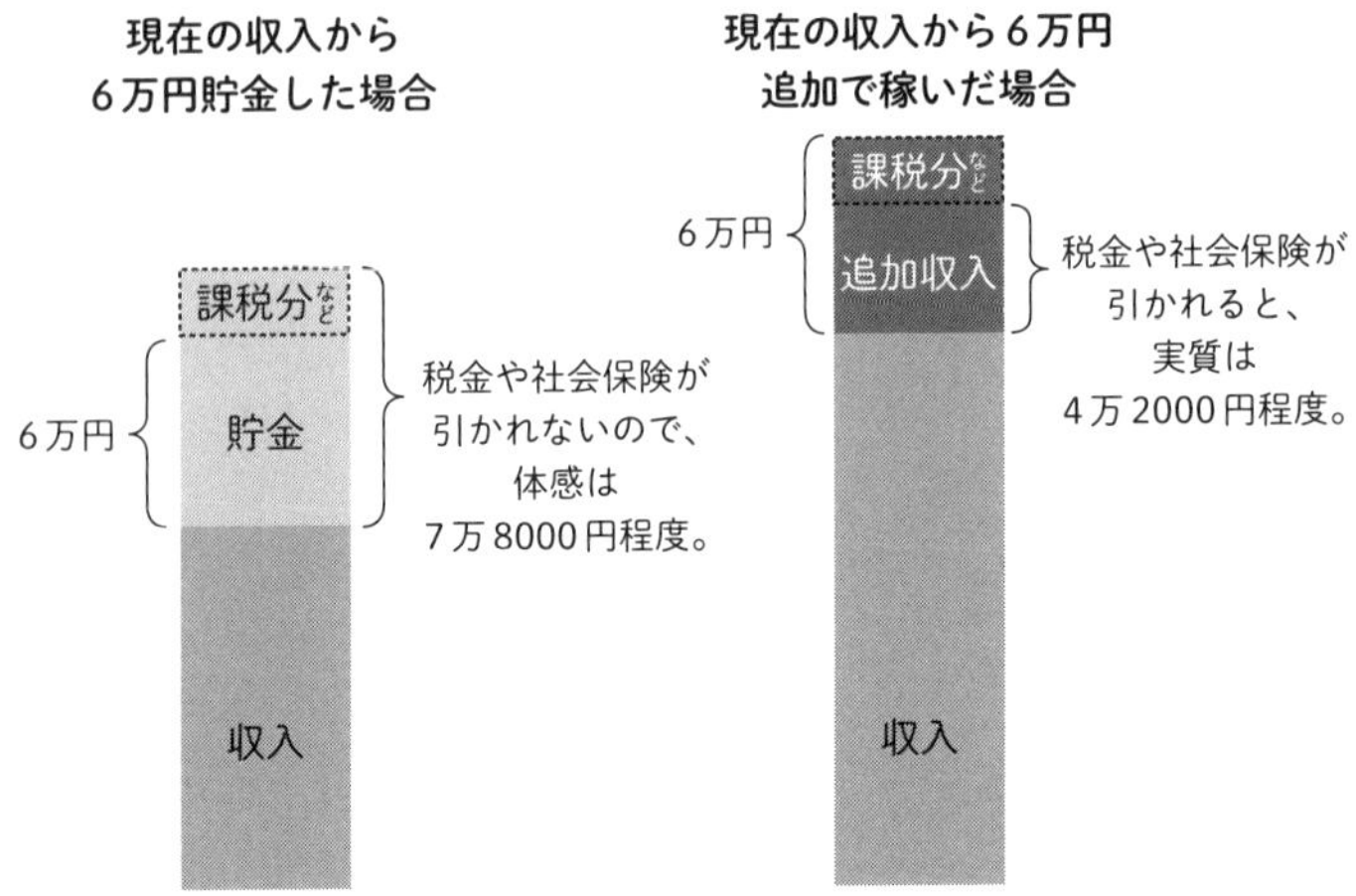

現在の収入から
6万円貯金した場合
課税分など
6万円
貯金
税金や社会保険が
引かれないので、
体感は
7万8000円程度。
収入
現在の収入から6万円
追加で稼いだ場合
課税分など
6万円
追加収入
税金や社会保険が
引かれると、
実質は
4万2000円程度。
収入

追加で稼ぐよりも、貯金したほうが
3万6000円(7万8000円－4万2000円)もお得!?
年間では40万円もの差が。

物流の視点から見ると、実は同じようなことが企業レベルでも行われてきました。

2000年代前後の平成不況の頃、日本企業の売上高は低迷しました。どんなにがんばってもモノが売れない、デフレスパイラルも始まりました。

そのとき、多くの企業が着手したのがコスト削減です。一見、地味な対策でしたが、かなりの効果がありました。

たとえば、売上高100億円に対して、物流費が10億円の会社が5億円に削減すれば、5億円も浮きます。

しかし、「なんだ、わずか5億円じゃないか」というわけではありません。その5億円はそのまま利益、つまり儲けになるのです。仮に粗利率が10%ならば、売上高換算すれば、50億円相当です。売上ベースの体感は一気に1・5倍になるのです。不景気の対応としての効果は絶大でした。

このようにお金を稼ぐよりも節約して貯めるということがより大きな効果となるのです。確かに「いかに儲けるか」は重要な考え方でしょう。けれども「いかに節約するか」ということのほうがそれ以上に大切になってくるのです。

#12

節約もまとめ買いも浪費の大敵、有効利用してこそのお金

お金の滞りは節約しても発生する

それならば節約を徹底的にすればいい。収入の2割を貯金なんていわないで5割の貯金を目指したい――こう考える人もいるかもしれません。

しかし、ちょっと待ってもらいたいのです。「稼いでばかりで貯金もしない」というのも「節約ばかりしていてお金は一切使わない」というのもコインの表裏のようなものです。どちらも滞りの発生につながります。

もちろん、お金の使いすぎは大きな滞りになります。巨額の収入を得ていた有名人の、浪費が原因での自己破産が大きく報じられることもあります。

実際、そこまではいかなくても、「お金は十分稼いでいるが、使いすぎで生活費の工面ができなくなった」という人も少なくないでしょう。浪費が大きな滞りになっているのです。

それとは反対に**「稼いだお金はとにかく貯金をする。可能な限りお金は使わないようにする」というのも大きな滞りとなる**のです。「金は天下の回りもの」といいますが、節約を続けているだけでは、仕事も勉強も人づきあいもうまくいかなくなるのです。

節約に執着すると滞りが大きくなる

私の古い知り合いですでに亡くなってしまった人の話です。

その人からの電話は鳴らすだけでした。出ようと思うと切れてしまうので、こちらからいつもかけ直していました。会うときはだいたい公園などのお金のかからない場所でした。

飲み物もドリンク類を自販機で買うことはありませんでした。公園の水を飲んでいました。万事がこんな感じでしたので、お金を使うのを見たことはありませんでした。

ところが後日、聞いた話ですが、その人が亡くなったとき、質素な自宅には10億円近いお金や株券がありました。

もちろん、その人自身、それで満足していたのでしょうから、何も悪いということはありません。しかし、**工夫次第でもう少し人生を楽しめたと思う**のです。

同じようなことが、多くの日本企業にも見られます。それは諸外国の企業と比べて、異様なほど多い内部留保です。社員に払う給料はなかなかベースアップしませんが、内部留保はたらふく貯め込んでいます。1兆円を超える内部留保がある会社もあります。

内部留保は企業の業績が悪化したときなどに活用する資金という意味合いで必要です。しかし、日本企業の場合、その留保額が度を越して多いといわれています。「人件費などのコスト削減を徹底した成果を、社員などには十分に還元していないから」です。けれども、社員の待遇をよくしたり、採用を増やしたりすることで、企業の利益を活用する形で有効利用することもできるでしょう。

このように度を越した節約は浪費と同じように、大きな滞りを生みます。

そして節約と消費のバランスをうまくとらなければ、お金に関わる滞りを解消することはできないのです。

#13 家計は月単位に見るとバグるので、週単位での見える化を徹底しろ

貯蓄・消費の観点からの滞りをなくすために、まず手をつけたいのが収入の見える化です。見える化というのは、生産管理や物流管理でよく使われる概念で、ひと目で状況がはっきりわかるようにすることです。

誤解がないようにお伝えしておくと、細かく数字や状況を書き出すのが見える化ではありません。たとえば、**家計簿を細かくつけても、それが見にくかったら見える化にはなりません。見える化という限り、手に取るようにわかりやすく視覚化することが大事**なのです。

身近な見える化の例を挙げるならば、交通標識があります。信号機もそうです。かなり遠くから見ても、色やマークで何をすべきかを誰もが理解できます。トイレも男女のマークだけでそれがトイレであること、どのように使えばよいかがすぐにわかります。

あるいは国立競技場などのサッカーのスコアボードを思い出してみてください。現在の

得点はもとより、得点の経過、スタメン、得点者とその時間などが一瞬でわかるようになっています。たとえ試合開始に間に合わず、遅れてスタジアムに到着しても入った瞬間に試合の状況や流れを理解できます。これが見える化なのです。

1週間単位で、使えるお金を見える化する

これと同じような見える化を、貯蓄・消費について行います。家計だけでなく部署の予算管理にも使えます。

家計を例にとって説明しましょう。収入が30万円とすると、そこからまず固定費を抜きます。家賃10万円、ガス・水道・電気・NHKなどの光熱費関係3万円を固定費。食費を7万円とします。そうすると、実際に使えるお金（流動費）は10万円です。この10万円を4等分した2万5000円が1週間に使える予算ということになります。

そう、**いきなり30万円という月の収入のロットで考えるのではなく、1週間当たりの使える金額に落とし込む**のです。

そのうえでホワイトボードに折れ線グラフを書き、毎日の消費額が週当たりの予算にどれくらい迫っているかを明らかにします。当面は毎週の予算の1割を残すようにします。

週単位の家計（食費）の見える化図（一例）

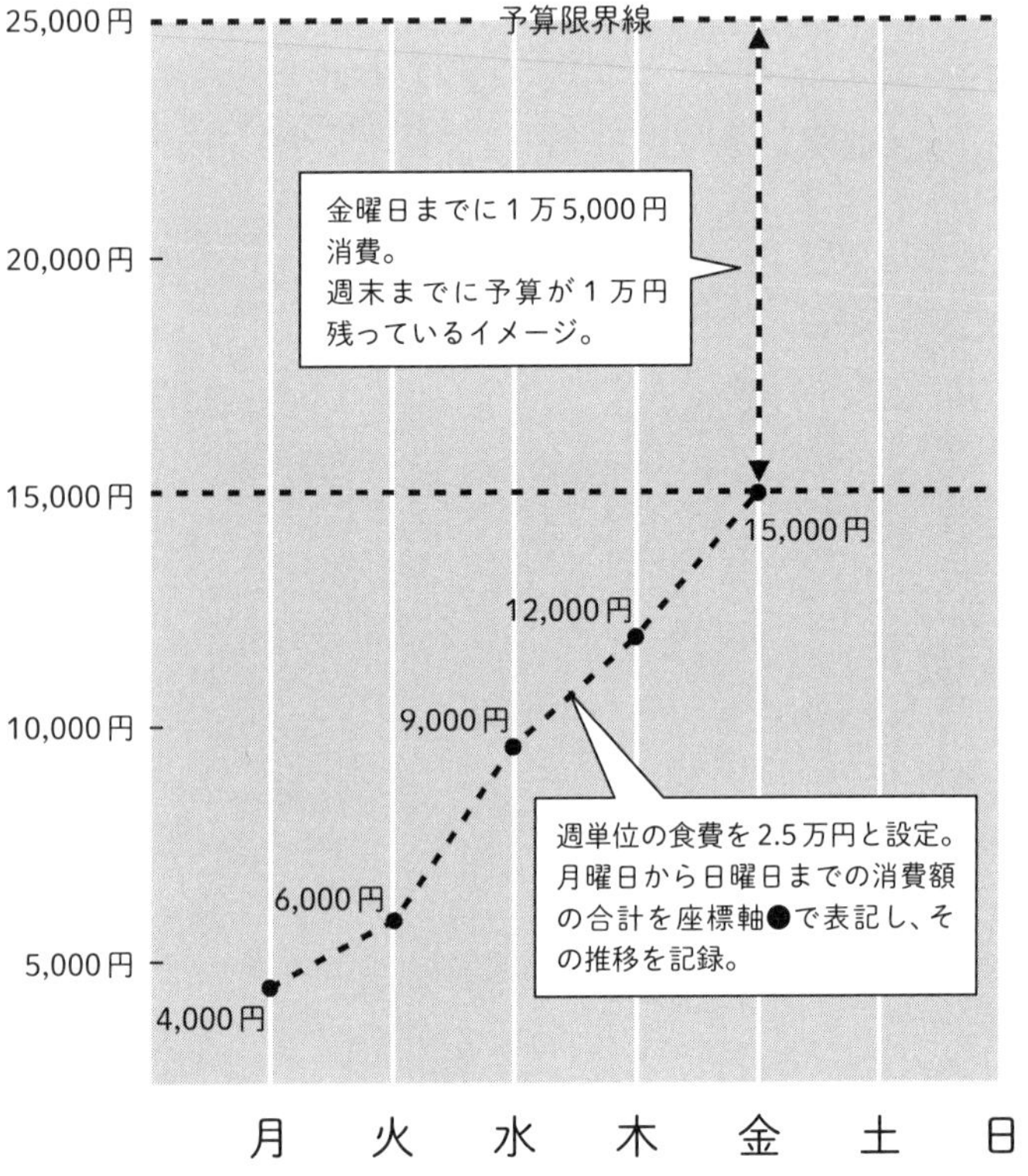

そうすると月1万円余ることになりますが、これは貯蓄に回すことにします（278ページ図参照）。

（278ページ図参照）

また、食費の場合も、7万円の予算を4分割して、週当たり1万7500円と設定してもよいでしょう。水道光熱費と食費は節約も可能です。電気代などは金額で見ることは難しいですが、たとえば、日中、暖房は入れないとか、夜間、冷房は緩めるなどのちょっとしたルールを決めておくとよいでしょう。

いずれにせよ、重要なのは1カ月単位で給料をもらっても、家計の予算は1週間単位で組み立てるなど、小さく区切ることで滞りを最小限に抑えることです。

#14 ストレスとお金を抑えたいなら、お酒を飲むのは火曜日がベスト

期待値の高すぎる週末の飲み会は避ける

お金を貯めたい人にとって、お酒の誘惑というものはかなり大きな障壁になるかもしれ

ません。

まったくお酒を飲まないという人でも、接待などになれば夜の席に顔を出すことになります。会社の経費で落ちるお酒の席ならば財布は軽くならないかもしれませんが、それでも「遅くなったからタクシーで帰ることにした」「帰宅途中、コンビニで余計な出費をしてしまった」といったことも考えられます。また、二次会、三次会と繰り出していけば、思った以上に出費も大きくなるでしょう。

それでも「週末はぐいっとビールを飲みたい」という人は多いはず。

「平日は翌朝が早いからゆっくり飲む時間はないが、金曜日ならば遅くに帰っても大丈夫だ」というのが、その理由です。

そうなると、どうしても金曜日に飲み会が集中することになります。しかし、お金の使い方を考えた場合、**金曜日に飲み会などを行うのは滞りを増やすことになります。平日にお酒を飲みに行けない負荷が金曜日に集中してしまうから**です。

月曜日から木曜日までお酒を飲めないストレスを持っていると、金曜日の期待値が異常に高くなります。滞りも大きくなります。その結果、どうしても金曜日の飲み会に使うお金が多くなるのです。

実際、金曜日に飲み会を行う場合、お酒の好きな人ならば、一次会だけで終わりということはないと思います。少なくとも二次会、状況によっては三次会くらいまで行く人も多いでしょう。そうなると飲み代もかなりの額に膨れ上がってしまいます。

それならば金曜日はそれほど遅くまで飲まないことにして、代わりに平日の火曜日あたりに軽く飲むようにしてはどうでしょう。水曜日はノー残業デーなどに指定されていることも多く、週の真ん中でどちらかというと早く帰る人も多いでしょう。そういう人を引き留めて、お酒の席に誘うのも気が引けるかもしれません。

そこで**軽く一杯というのであれば、火曜日ということになる**でしょう。水曜日がノー残業デーで早く帰れるならば、火曜日にちょっと遅くなっても、翌日早めに帰れば疲れは溜まらないはずです。

もちろん、火曜日も金曜日にも両方飲みたいという人もいるでしょうが、いったん火曜日に滞りを解消しておくと、金曜日に対する期待値は半分くらいに下がるようになります。ほどほどに切り上げやすいのです。

結果的に、金曜日に期待値を集中させるよりも、火曜日にお酒を飲む場を設けるほうがストレスもお金もかからないというわけです。これはお酒に限ったことではありません。特定日にイベントを集中させると、結果的にそれにお金をつぎ込みがちになります。**イベントを分散させて、滞りが大きくなることを避けたい**ものです。

#15

本当の買い物上手は「安さ」ではなく、「快適さ」と費用対効果を重視する

意外と大きい買い物の滞り

お金の使い方を考えるうえで重要なことは他にもあります。それは「買い物上手になりすぎない」ということです。というのも、買い物上手というのはある意味、お金の使い方に一定の制限を加えることになるからです。

「この商品はこのお店で買うよりもネットで買うほうが安い」「一番安い店を探してそこで買うことにしている」といったように比較検討することはよくあると思います。

しかし、コスト的には節約できる反面、時間効率が悪くなるケースも出てきます。

たとえば、その場ですぐ買える商品を安いという理由で、遠くまで買いに行く人がいます。東京都内に住んでいるのに、横浜市まで出かけるようなイメージです。確かに1000円節約することはできるでしょう。けれども交通費もかかりますし、時間もかかります。

第4章で説明した機会費用の概念を思い出してください。その場ですぐに買ったほうが結局は得なのかもしれないのです。買い物を工夫することで発生する滞りは、思っている以上に大きいのです。

また、「ネットで一番安く売っているサイトはどれか、1日中、探してやっと見つけたよ」と自慢げにいう人がよくいます。それを否定するわけではありませんが、終日ネットで探しているのならば、その時間を資格を取得するための勉強にあてたり、SNSにアップさせるコンテンツを作成したりする時間に割いたほうがいい場合もあります。

言い換えれば、**「1円でも安く」という買い物をするのは部分最適です。「多少高く買うことになっても時間を節約したい」というのは全体最適につながる可能性がある**のです。

もちろん、時間を節約するという意味で、高い商品ばかり購入しているのも問題です。要は滞りをなくすためのバランスが大切ということです。

かつて、英仏が共同開発したコンコルドという超音速航空機がありました。パリ・ニューヨーク間を2時間52分でフライトしたという記録も残っています。ちなみに現行の同路線の飛行時間は約7時間となっています。それほどのスピードを誇るコンコルドでしたが2003年に運航停止となりました。その理由は184万円といわれた正規運賃にありました。7時間かければ、その10分の1の運賃なので、5時間短縮するために高額な運賃を払う人はセレブも含めてあまりいなかったらしいのです。

ただし、乗り継ぎ便だと時間がかかるから直行便にするといった判断は対費用効果を考えながら行う必要があります。値段だけにこだわらず、「時間効率に見合うコストなのか」を常に考える必要もあるのです。

#16 お金の管理が苦手なら、まずは「趣味簿」だけでもつけよう

節約したければ趣味の出費だけを抜き出せ

人生設計で意外と大きな意味を持ってくるのが趣味です。仕事がうまくいくかどうかも重要ですが、趣味が充実することで全体の満足度を高めることが可能になります。

ただし、趣味に対する肩入れが大きくなると、家計に影響してくることになります。仕

事と趣味の割合は8対2くらいがよいでしょう。

さらにいえば趣味の多くにはそれなりのお金がかかります。収集系の趣味やギャンブルなどになれば、月収の半分以上を費やす人も少なくないでしょう。しかし、それは節約・消費の立場から考えると、危険なことでもあります。いくら仕事がうまくいっていても、趣味が原因で生活が破綻することになりかねないからです。お金をいくら稼いでも趣味にお金を費やしすぎれば、何にもなりません。

そこでお勧めするのが「趣味簿」をつけることです。お金の管理の苦手な人が生活費を細かく家計簿に書き記しておくのは、ちょっとハードルが高いかもしれません。「今日はコンビニでカップ麺とお弁当を買ったから〇〇〇円かかった」といったことはなかなか帳簿に残しておけないものです（そうするのが本当はよいのですが）。レシートもすぐに捨ててしまう人が多いでしょう。

それならば**最低限の対策として、趣味にかかるお金だけを記録しておく**のです。**趣味の場合、購入自体も楽しみなので、帳簿をつけたり、レシートをとっておいたりすることも、比較的、億劫にならない**はずです。ヤミクモに浪費するのではなく、「趣味関係は毎月△△△円まで」といったように予算を管理しておくのです。それもまた趣味の一部として楽しめるはずです。

あえていえば、趣味に使うお金は多くても月収の2割くらいに抑えたいところです。**浪費という滞りをなくすには、いきなりすべてを管理していくというのではなく、「趣味だけ管理」というように、細かくセグメント分けすることが大切になる**のです。

もっとも「私は無趣味なので趣味簿はつけられない」という人もいるでしょう。

その場合は趣味でなくてもかまいません。自分の興味のある関心事についてお金の流れの見える化をやってみてはいかがでしょう。

たとえば「光熱費の推移のみ、チェックして記録する」とか、「食費のなかでもランチにかかる外食代に注目する」といったことでもかまいません。

気になる分野のお金の出方に注目して、消費に関する小さな滞りを解消していくことで、バランスのとれた金銭感覚を養っていくことができるのです。

#17
友だちとお金の話をすることで、お金のリテラシーを上げよう

お金の話はタブーと考えるのは認知バイアス

友だちでもお金の話はしないほうがいい――このような話をよく聞きます。

お金を持っていると思われると、「奢《おご》ってほしい」という人も出てくるでしょう。また貸し借りをすると「お金が返ってこない」という問題も生じるでしょう。また、投資話や出資話を持ち掛けられて、それが原因で関係がこじれることも考えられます。

確かに友だちにお金を貸す必要はないでしょう。友だちにお金を貸すのは、すぐに法律違反になるというものではありませんが、個人間融資といえども出資法を順守しなければなりません。「友だちだから……」と勝手な貸し方・借り方はできないのです。

したがって、「お金を貸して」といわれたら、まず出資法を盾に「個人間融資はやるべきではない」ということを堂々と説明しましょう。また自分も友だちからお金は借りないようにするのは当然のことです。

また、投資や出資の話は詐欺などに巻き込まれるケースも想定されるので、うまい話には十分気をつけたいところです。

こうしたことに注意を払ったうえでなら、友だちとお金の話をするのは、決してマイナ

スにはなりません。

胡散臭《うさんくさ》い投資話やお金の貸し借りではなく、たとえば「どんな株を買えばよいか」とか「SNSで収益化を実現するにはどうしたらよいか」といったことを話し、友だちの意見が聞ければ、株などの投資はむしろプラスに働くことが多いように思えます。

日本の場合、「友だちとも金の話はするな」という認知バイアスがすっかり定着してしまっているので、そのへんは再考の余地があるのではないでしょうか。

儲けの仕組みのモデル化を行うと…

そこで少し、**お金の話についての仕組みを、経営工学のモデル化の概念を使って整理してみましょう。**

モデル化とは、物流などのパターンや仕組みを数式に落とし込んで表すことをいいます。

まず、この話には「お金の話をする」「お金を儲ける」「お金をだまし取られない」という3つの行為が存在します。

このうち、最終的な目的（目的関数）は「お金を儲ける」ことです。そのために何を行う

儲けの仕組みのモデル化（一例）

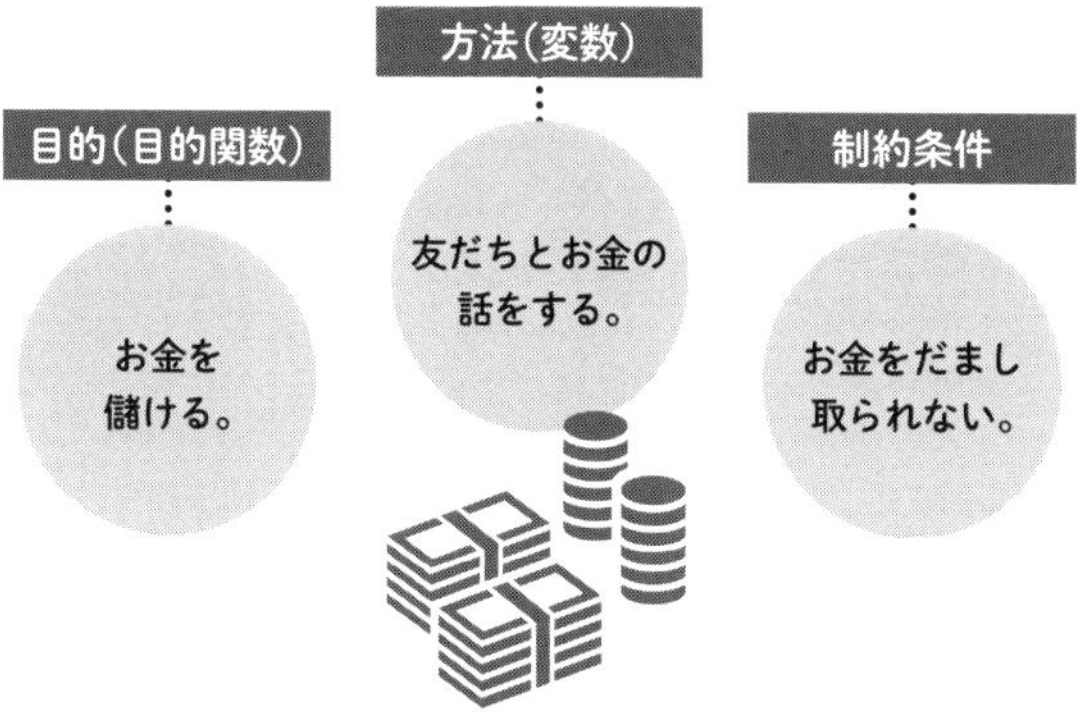

制約条件の範囲内であれば、友だちとお金の話をすることで、儲かる可能性は上がる。

かというと、「お金の相談をする」のです。ただし、「お金をだまし取られない」ようにしなければなりません。そしてこの「お金をだまし取られない」の部分は制約条件（ボトルネック）となります。

　まとめると、上の図のようになります。

　言い換えれば、何をするにしてもリスクはあります。

「お金の話をすれば、だまし取られるかもしれない」というのは十分、考えられるリスクなのです。しかし、その点に注意すれば、お金が貯まる可能性があることもまた事実なのです。

「ギャンブルに依存してお金に困る」ということはあり得ることです。しかし、適度なギャンブルは悪いとはいえません。競馬でもパチンコでも法律で認められた息抜きです。同じように、株やＦＸ、不動産などの投資話も毎日、主要メディアが取り上げる話題です。過剰に依存するのは十分注意しなければいけませんが、禁じられているわけではありません。儲けている人もたくさんいます。

もちろん、過度の投資に依存すれば、滞りが発生します。しかし、「投資は怖いから絶対に手をつけない」というのも、逆の意味で滞りにつながります。

むしろ、友だち・知人と相談しながら投資していくことで利益を得られることは少なくありません。自分だけで投資に手を出しても、思い込みが原因で大きな失敗をすることもあるでしょう。

それならば、**頼りになる友だちと一緒に考えて、慎重に投資していくほうがはるかによい**に決まっています。

人生設計も投資も友だちを巻き込んだほうが計画性の精度は高まるようになるのです。

あとがき

努力が空回りする人ほど伸びしろがある

「あの人は努力はしているけどダメですよね。潜在能力はあるのかもしれないけどね」と見捨てられるような人が私は大好きです。

そういう人は「きっとかなりのポテンシャルがあるのだろう」と、逆に思ってしまいます。

実際、そういう人が私のアドバイスにしたがい、習慣や考え方を変えていくことで、滞りを解消させ、見違えるように変わっていくのを幾度となく見てきました。

「努力はしているもののイマイチ伸びない人」の9割は、滞りの影響を受けています。自分自身のなかの滞りを自覚できないために、努力が空回りしているのでしょう。

それゆえ「これまで努力してきたのに、これ以上の努力も工夫もできない」とあきらめてしまってきたのでしょう。

私は、「この人の滞りはどうやったらなくなるのか」と考えながら、そういう人たちの相談に乗ってきました。

すると、滞りを解消した人は、驚くほどの成果を上げ、なかには私が予想もしなかった驚くほどの結果を出す人もいました。

本書を読み終えたあなたにも、それと同じ未来が見えてくると確信しています。困ったときにはもう一度、本書を読み返してください。

「はかどる技術」を自分のものにするために、「滞りをなくす」というキーワードをいかに実践するか、それだけが今のあなたのミッションです。

ムダな朝活も、週末に果てしなく続けていた勉強もやめてもらってかまいません。必要なときに、必要なだけ、ムダ、ムラ、ムリなく、仕事も遊びもこなせるようになります。

実は私自身、滞りをなくす方法論にたどり着くまでは試行錯誤の連続でした。朝活も週末の集中勉強も長い会議も、凝った会議資料の作成も、みんな経験したことがあります。

そのたびに「がんばったのに成果はなかった」「あれだけやっても身につかなかった」といった後悔や反省の念にかられていました。

時間術や仕事術の本も随分読みましたが、「どうも自分には合わない」と感じました。自分はそんなに集中力があるほうでもないし、5分を惜しんで勉強するような意識高い系の人間でもないと思っていたからです。

そんなとき、「自分の研究している物流理論を活用してみたらどうだろうか」と考えるようになりました。滞りをなくせば、仕事も人生もうまくいくという発想です。

早速、行動に移してみると、その成果はすぐに出ました。

目から鱗《うろこ》で解決策も見えてきました。それまで「常識だろう」と思っていたことでも、滞りをなくすためには「実は非常識だった」ということも見えてきました。

私自身、「もっと早くに気がつけばよかった」と思いました。研究活動や執筆、授業準備や企業との共同研究などの積み残しが解消されていったからです。

もちろん、みなさんにも同じ未来が待っています。

本書で紹介した滞りをなくすための工夫を仕事や勉強に取り入れていけば、時間効率は格段に向上します。趣味も貯蓄も増えてくるはずです。

これまでのライフスタイルでは決して見えてこなかった成功のドアを開けて、滞りをくまなく取り去ってください。

鈴木 邦成　すずき くにのり

●――物流エコノミスト、日本大学教授。一般社団法人日本ロジスティクスシステム学会理事、電気通信大学非常勤講師（経済学）。専門は物流およびロジスティクス工学。物流改善などの著書、論文多数。

●――普段から学生やビジネスパーソンから専門分野に関する相談を受ける一方で、就職、転職、資格試験の勉強方法、職場での時間管理や人づきあいなど、幅広い悩みについても意見を求められるという。そうしたやりとりのなかで、物流・ロジスティクス工学の知見を、「仕事や人生の滞りをなくす」という視点から悩みに当てはめることで、思いがけない解決策を導けることに気づく。本書には、そのロジックがふんだんに盛り込まれている。

●――主な著書に『トコトンやさしい物流の本』『入門 物流（倉庫）作業の標準化』『トコトンやさしいSCMの本』（いずれも日刊工業新聞社）、『シン・物流革命』（中村康久氏との共著、幻冬舎）、『物流DXネットワーク』（中村康久氏との共著、NTT出版）などがある。

はかどる技術

2024年 6月 6日　初版発行

著　　者　鈴木邦成
発 行 者　太田宏
発 行 所　フォレスト出版株式会社
〒162-0824
東京都新宿区揚場町2-18　白宝ビル7F
電　　話　03-5229-5750(営業)
03-5229-5757(編集)
U R L　http://www.forestpub.co.jp
印刷・製本　日経印刷株式会社

ISBN978-4-86680-276-3　Printed in Japan

はかどる技術

本書の読者へ
著者から無料プレゼント!

家庭生活の「滞り」を解消する方法

- ●日曜日に家族バラバラで当たり前
- ●土日に子どもと遊ぶな！
- ●記念日はやめてイベントを重視する
- ●友だちがいなければ金魚を飼ってみる

PDF

「仕事が忙しくて家族と過ごす時間が持てない」

「子どもと遊ぶのがしんどい」

「記念日を忘れて夫婦関係がギクシャク」

「話し相手がいなくて孤独」...etc.

そんな、誰もが日常のなかで感じることがある家庭の中の「滞り」を解消するヒントを、本書の著者が教えてくれます。

ぜひ、より充実した生活を手に入れるべく、ご活用ください！


無料プレゼントを入手するにはこちらへアクセスしてください。

https://frstp.jp/hakadoru

＊無料プレゼントのご提供は予告なく終了となる場合がございます。
＊無料プレゼントはWEB上で公開するものであり、CDやDVDをお送りするものではありません。あらかじめご了承ください。